Sobre dinheiro e inflação
MISES

LUDWIG VON MISES

Sobre dinheiro e inflação

Tradução de Alexandre S.

VIDE EDITORIAL

Sobre dinheiro e inflação — Uma síntese de diversas palestras
Ludwig von Mises
1ª edição – setembro de 2017 – CEDET
Título original: *On Money and Inflation: A Synthesis of Several Lectures.*

Os direitos desta edição pertencem ao
CEDET – Centro de Desenvolvimento Profissional e Tecnológico
Rua João Baptista de Queiroz Junior, 427
CEP: 13098-415 – Campinas – SP
Telefone: 19-3249-0580
e-mail: livros@cedet.com.br

Editor:
Thomaz Perroni

Tradução:
Alexandre S.

Revisão ortográfica:
Diogo Coelho

Capa:
Carlos Eduardo Hara

Diagramação:
Gabriel Hidalgo

FICHA CATALOGRÁFICA

Mises, Ludwig von.
Sobre dinheiro e inflação — Uma síntese de diversas palestras / Ludwig von Mises; tradução de Alexandre S. – Campinas, SP: VIDE Editorial, 2017.
ISBN: 978-85-9507-020-2
1. Economia.
I. Autor. II. Título.

CDD – 330

ÍNDICE PARA CATÁLOGO SISTEMÁTICO
1. Economia - 330

Conselho Editorial:
Adelice Godoy
César Kyn d'Ávila
Diogo Chiuso
Silvio Grimaldo de Camargo
Thomaz Perroni

VIDE EDITORIAL – www.videeditorial.com.br

Reservados todos os direitos desta obra. Proibida toda e qualquer reprodução desta edição por qualquer meio ou forma, seja ela eletrônica ou mecânica, fotocópia, gravação ou qualquer meio.

SUMÁRIO

Introdução..7
1. Cooperação humana..9
2. O meio de troca — o dinheiro..11
3. O papel dos tribunais e juízes...15
4. Ouro como moeda..23
5. Inflação do ouro..31
6. Inflação..37
7. A inflação destrói a poupança..43
8. Inflação e controle governamental.................................53
9. Dinheiro, inflação e guerra..59
10. O lado constitucional da inflação.................................67
11. O capitalismo, os ricos e os pobres...............................73
12. Desvalorização monetária no passado.........................79
13. Muitos professores de economia acreditam que a quantidade de dinheiro em circulação deveria aumentar..83
14. Dois problemas monetários..89
15. Financiamento da dívida e expansão de crédito..........93

16. Expansão de crédito e ciclo econômico..........99

17. Doutrina da balança comercial, paridade de poder de compra e comércio internacional..........103

18. Liquidez entre bancos; reservas bancárias..........111

19. O mundo precisa de um Banco Mundial e de mais dinheiro?..........117

20. Conclusão..........121

INTRODUÇÃO

Quando a Fundação para a Educação Econômica (*Foundation for Economic Education,* ou FEE) foi criada em 1946, Ludwig Von Mises tornou-se seu consultor, função que exerceu até sua morte, em 1973. Sempre que a FEE organizava um seminário em Irvington, e Mises estava na região, ele partia de Nova York, onde vivia com sua mulher, Margit, para fazer uma apresentação para os participantes. O assunto que abordava era geralmente a inflação. Eu assisti a todas essas palestras, tomei notas e depois as transcrevi. Percebi que eu poderia integrar oito das dez palestras sobre inflação feitas nos anos 60, suprimir as repetições, e transformá-las numa única obra. Saiu daí este livro.

Mises não gostava que suas apresentações orais fossem citadas ou publicadas porque, obviamente, elas não carregavam o cuidado e a precisão que ele dava aos seus escritos. Mesmo assim, acredito que estas palestras, como as editei, não deturpam de forma alguma suas idéias. Além disso, elas revelam o modo despretensioso e o estilo simples que ele usava quando falava com estudantes. Muitas vezes ele reformulava uma idéia de vários modos, repetindo-a assim para lhe dar ênfase. Mises era freqüentemente acusado de ser "simplista", de fazer assuntos econômicos parecerem muito claros e simples, mas foi exatamente essa abordagem que possibilitou que mesmo pessoas sem nenhum conhecimento prévio de economia entendessem e gostassem daquilo que ele dizia.

Bettina Bien Greaves

1.
COOPERAÇÃO HUMANA

A cooperação humana é diferente das atividades empreendidas sob condições pré-humanas no reino animal e entre pessoas ou grupos isolados em tempos primitivos. O homem tem uma capacidade que o diferencia dos animais: a cooperação. Os homens cooperam. Isso significa que ao realizar suas tarefas, eles sabem que outras pessoas farão determinadas coisas pensando em gerar resultados que eles também buscam com seu próprio trabalho. O mercado é o sistema dentro do qual eu ofereço algo *a* você a fim de receber algo *de* você. Não sei quantos de vocês têm algum conhecimento vago ou noção da língua latina, mas foi num pronunciamento em latim de 2 mil anos atrás que apareceu a melhor definição do mercado: *do ut des* — eu dou a fim de que você dê. Eu contribuo com uma coisa para que você contribua com outra. A sociedade humana desenvolve-se a partir daí, do mercado, da cooperação pacífica entre indivíduos. Cooperação social significa divisão do trabalho.

Os vários membros, os vários indivíduos de uma sociedade não vivem suas vidas sem contato ou ligação com outros indivíduos. Graças à divisão do trabalho, nós estamos ligados com os outros, trabalhando para eles, recebendo e consumindo o que essas pessoas produziram para nós. O resultado é uma economia de troca que consiste na cooperação entre indivíduos. Cada pessoa produz, não apenas para si, mas para outras pessoas, na expectativa de que estas também produzam para ela. O sistema exige atos de troca.

A cooperação pacífica, as realizações pacíficas dos homens se efetivam no mercado. A cooperação significa necessariamente que as pessoas estão realizando trocas de serviços e bens, que são os produtos dos serviços. Essas trocas criam o mercado. O mercado é exatamente a liberdade das pessoas de produzir, consumir, determinar o que se deve produzir, em qualquer quantidade ou qualidade, e a quem quer que os produtos se destinem. Um sistema livre como esse é impossível sem o mercado; um sistema livre assim *é* o mercado.

Temos a idéia de que as instituições humanas ou são (1) o mercado, a troca entre indivíduos, ou (2) o governo, uma instituição que, na cabeça de muitas pessoas, é algo superior ao mercado e que poderia existir mesmo na ausência deste. A verdade é que o governo — que é a opção pela violência, necessariamente pela violência — não pode produzir coisa alguma. Tudo o que se produz é resultado das atividades dos indivíduos e é trocado no mercado por outras coisas.

É importante lembrar que tudo que é feito, tudo que o homem já fez, que a sociedade faz, é resultado dessa cooperação voluntária e desses acordos. É a cooperação social entre os homens — ou seja, o mercado — que fez surgir a civilização e que nos deu todas as melhorias nas condições de vida que desfrutamos hoje.

2.
O MEIO DE TROCA — O DINHEIRO

A definição de dinheiro é muito simples: ele é o meio de troca comum usado no mercado. Os indivíduos recorrem a ele para facilitar a troca de bens. O dinheiro é um fenômeno do mercado. O que isso significa? Significa que ele surgiu no mercado, e o seu desenvolvimento e funcionamento não têm nada a ver com o Estado, com os governos ou com a violência praticada por eles.

O mercado desenvolveu algo que chamamos de troca indireta. A pessoa que não conseguia obter o que queria no mercado através de troca direta, por escambo, levava outra coisa, que era considerada mais facilmente negociável, pois ela esperava trocá-la mais tarde pelo que realmente desejava. O mercado, as pessoas no mercado, e as pessoas ao organizar a divisão do trabalho e criar assim o sistema em que alguém produz sapatos enquanto outros produzem casacos, geraram um sistema em que casacos podem ser trocados por sapatos, mas, por conta da diferença da utilidade e do valor de ambos, pelo intermédio do dinheiro. Assim, o sistema de mercado possibilitou que as pessoas que não conseguiam levar na hora aquilo que queriam, que não conseguiam comprar algo no mercado, voltassem para casa com um meio de troca ao invés do produto que haviam levado — algo que se podia negociar mais facilmente. De posse de um meio de troca, as partes envolvidas na transação podem finalmente obter satisfação adquirindo o que queriam.

O dinheiro é um meio de troca porque as pessoas o utilizam assim. Elas não comem dinheiro; elas querem tê--lo para oferecê-lo numa nova transação. E essa barganha ou troca só é possível tecnicamente se houver um meio de troca, o dinheiro, através do qual o sujeito troca aquilo que tem por aquilo que quer ou necessita. Esse toma lá dá cá que acontece no mercado, todas essas trocas que levam ao surgimento do dinheiro, são ações de indivíduos.

Ao longo de um demorado processo, os governos, ou certos grupos de governos, fomentaram a idéia de que o dinheiro não é simplesmente um fenômeno de mercado, mas qualquer coisa que um governo chame de dinheiro. Porém, o dinheiro não é aquilo que o governo diz. O conceito de dinheiro estabelece que ele é um meio de troca; um sujeito que está vendendo alguma coisa e não tem a possibilidade de trocá-la na hora por algo que deseja, leva outra coisa que ele pode trocar, numa próxima oportunidade, pelo que queria. Essa "outra coisa" é um meio de troca, porque um sujeito que está vendendo, por exemplo, frangos e ovos, e não consegue trocá-los pelo que quer consumir, precisa levar outra coisa, que ele utilizará mais tarde para obter o que deseja.

Se as pessoas dizem que o dinheiro não é a coisa mais importante do mundo, elas estão totalmente certas do ponto de vista das idéias que são responsáveis pelos rumos dos assuntos humanos. Mas se elas dizem que ele não é importante, não entendem o que ele faz. O dinheiro, o meio de troca, possibilita que todos obtenham aquilo que querem fazendo quantas trocas forem necessárias. A pessoa pode não conseguir consumir diretamente aquilo que deseja, mas o dinheiro permite que ela satisfaça suas necessidades através de novas trocas. Em outras palavras, primeiro as pessoas trocam o que produziram por um meio de troca, algo que pode ser trocado mais facilmente;

então, através trocas posteriores, elas conseguem adquirir o que queriam primeiramente consumir. E é este o serviço que o dinheiro presta ao sistema econômico; ele ajuda as pessoas a conseguir aquilo que querem e precisam.

3.
O PAPEL DOS TRIBUNAIS E JUÍZES

O governo só interfere no mercado e em assuntos ligados ao dinheiro quando os indivíduos não estão cumprindo o que se comprometeram a fazer. Como escolheu por si mesmo seu campo de trabalho, o sujeito deve, para sobreviver, trocar aquilo que produziu a fim de obter as coisas de que precisa para sobreviver. Se na prática as pessoas não entregam e não recebem os produtos e serviços que contrataram, começam os problemas. O valor e o significado das coisas que são entregues e das que são ganhas não são iguais, não somente no tamanho ou qualidade, mas também, o que é mais importante, no que diz respeito ao momento em que a troca é feita.

Se duas pessoas entram num acordo, se ambas as partes decidem que devem fazer algo na hora, não há motivos para elas se desentenderem. As duas partes que fazem a troca recebem na hora o que desejam adquirir e entregam aquilo de que querem abrir mão. A transação então está terminada; não há mais nada para acontecer. Mas a maioria das trocas não é assim. Na realidade, em muitas delas, as duas partes não têm em mãos o que pretendem trocar. Se as duas pessoas do acordo, da troca, quiserem adiar a execução do contrato, diferenças de opinião podem surgir, algumas delas muito sérias, sobre a conduta da outra parte. Traduzindo da linguagem mais abstrata de advogados e economistas: isso significa que, se um homem firmar um contrato com outro em que se compromete a fazer algo posteriormente, quando este momento chega, pode-se questionar se a promessa realmente foi cumprida corretamente, de acordo com o contrato.

O dinheiro é um meio de troca, um fenômeno que se desenvolveu a partir do mercado; é o resultado de uma evolução histórica que no curso de milhares de anos gerou a troca de bens intermediada por um meio de troca. O dinheiro é o meio mais aceito e mais usado como meio de troca; não foi criado pelo governo, mas pelas pessoas que compravam e vendiam no mercado. Porém, se os indivíduos não cumprem os acordos que firmaram voluntariamente, o governo deve interferir. E antes de fazê-lo, o governo precisa descobrir se realmente houve uma violação do contrato estabelecido. Tais contratos são o resultado de acordos, e quando as pessoas não cumprem o que prometeram, o Estado precisa entrar em ação para garantir que elas não apelem para a violência. O governo é acionado para proteger o mercado contra pessoas que não querem cumprir suas obrigações — e entre essas obrigações está a de fazer pagamentos das somas combinadas. Se alguém quer apelar para o governo contra outras pessoas porque elas deixaram de cumprir o que elas próprias concordaram voluntariamente em fazer, é obrigação do governo, da justiça e dos juízes determinar o que o dinheiro é ou não. Agora, o que os governos vêm fazendo, o que fizeram por milhares de anos, pode-se dizer, é abusar da posição que lhes foi dada para dizer que alguma coisa é dinheiro quando *não é* ou quando tem um poder de compra menor.

O mercado, que é a verdadeira e fundamental instituição social, tem uma fraqueza enorme. Essa fraqueza não está na sua própria constituição, mas nos seres humanos que participam dele. Existem pessoas que não querem seguir o princípio fundamental do mercado: fazer acordos voluntários, e agir em conformidade com eles. Algumas pessoas optam pela violência, outras não cumprem os acordos que firmaram por livre e espontânea vontade. A instituição social fundamental, o mercado, não pode existir se não houver uma instituição que a proteja de pessoas que não cumprem acordos corretamente. Essa instituição é o Estado e sua força policial, que tem o poder de usar a violência para impedir que pessoas, homens comuns, apelem para a violência.

Sim, a violência é ruim. O fato de ela ser necessária, ser indispensável em alguns momentos, como para acabar com disputas relativas a contratos, não quer dizer que a instituição que impõe a violência, o governo, seja uma instituição boa. No entanto, é mais ou menos dominante por todo o mundo a idéia de que, por um lado, o governo, a instituição que recorre à violência, é boa e positiva, e por outro lado, que o mercado, o sistema social de colaboração voluntária, apesar de necessário — embora muitas pessoas nem percebam isso —, não se deve certamente considerá-lo bom.

Todas as conquistas da ação humana foram resultado da cooperação voluntária entre os homens. O que o governo faz, ou deveria fazer, é proteger essas práticas contra as pessoas que não cumprem as regras necessárias para a preservação da sociedade e tudo que ela produz. Na verdade, a principal função do governo, para não dizer a única, é preservar o sistema de ação ou cooperação voluntária entre pessoas impedindo-as de recorrer à violência. A única coisa que os governos precisam fazer com relação a este meio de troca é impedir que as pessoas não honrem os compromissos que firmaram. Sua função *não* é construir alguma coisa, e sim proteger aqueles que estão construindo.

Uma das coisas que pessoas refratárias fazem é deixar de cumprir suas obrigações em acordos comerciais. Trocando em miúdos: um indivíduo assina um contrato, e mesmo assim não cumpre o que prometeu no acordo.

Então é necessário recorrer ao governo. O que você pode fazer se uma pessoa com quem fez um acordo diz: "Eu sei; recebi algo de você depois de firmar um contrato, que diz que eu deveria lhe entregar outra coisa em troca. Mas não vou dar nada. Sou uma péssima pessoa. O que você vai fazer? Sorria e engula essa". Ou então a pessoa que deve entregar o que prometeu depois diz: "Desculpe-me, mas não posso, não vou dar nada". Isso faz todo o sistema de trocas, o sistema baseado na ação voluntária dos indivíduos, desabar.

Se um homem garantiu num contrato que entregaria batatas em três meses, por exemplo, pode-se questionar, quando ele fizer a entrega, se o que ele levou são realmente batatas exatamente no sentido que se estabeleceu no acordo. O sujeito que fez a entrega pode ter levado um produto que o outro não considera uma batata. Este, então, diz: "Quando fechamos o contrato mencionando batatas, tínhamos outra coisa em mente. Pensamos em algo que tivesse certas caraterísticas que estas não têm". E então será obrigação do governo, do juiz que o governo indicou para esse caso, descobrir se essas batatas questionáveis são de fato o que ambas as partes entendiam por batatas quando assinaram o acordo. Elas não devem estragar; precisam ter certas características; devem ser babatas prontas para venda no mercado; e assim por diante. Elas podem até ser batatas de acordo com o professor de botânica, mas não o são na visão de um empresário. Isso é algo que o mercado determina por toda parte. É impossível que o juiz esteja familiarizado com tudo o que acontece no mundo, e assim ele freqüentemente precisa da avaliação de um especialista. O especialista precisa dizer se uma determinada batata deve ser considerada uma batata no sentido que o contrato estabelece ou não. E depois é obrigação do juiz levar em consideração o conselho do especialista e determinar se o que foi entregue é realmente batata ou outra coisa.

Acordos que envolvem produtos tais como batatas — ou outra coisa qualquer, como por exemplo o trigo — que são feitos com freqüência no mercado, intermediados pelo meio de troca conhecido como "dinheiro", podem ser violados, como vimos, pelo lado de quem vende a mercadoria. Mas eles também podem ser desrespeitados do lado de quem compra. Isso significa que o conflito, uma diferença de opinião, pode surgir entre as partes que entraram num acordo sobre a quantia que deve ser paga para cumprir um contrato. E então o governo e os juízes, devem decidir se o que um dos lados da contenda entrega como sendo dinheiro é, no caso, o que de fato ambos tinham em mente quando firmaram o acordo. O governo, na verdade, não estava diretamente envolvido no desenvolvimento do dinheiro; o papel dele nesta relação é tão somente conferir se as pessoas *atendem* aos termos de seu contrato no que diz respeito ao dinheiro. Assim como o juiz pode dizer o que significa ou não "batata" ou "trigo" num contrato, sob certas condições, para preservar a paz no país, ele precisa determinar o que as partes de um contrato quiseram dizer com "dinheiro". O que elas usaram como meio de troca? O que estavam pensando quando estabeleceram no acordo: "Eu vou lhe pagar uma certa quantidade de 'dinheiro' quando você fizer o que prometeu". Não importa se é uma quantidade de dólares, tálers,[1] marcos ou libras; o governo só precisa descobrir o que diz o contrato.

É isso que o governo deve decidir. Ele não tem o poder de dar o nome de "dinheiro" para alguma coisa que as pessoas que fizeram uma transação comercial não tinham em mente quando firmaram seu contrato, assim como não pode chamar de "batata" o que não é, ou dizer que um pedaço de ferro é, digamos, de "cobre". O que acontece não é que o governo diz originalmente o que o dinheiro é; ele é obrigado, sim, a definir o que é o "dinhei-

---

[1] Moeda de prata usada na Europa entre os séculos XV e XIX — NT.

ro" mencionado num determinado contrato entre partes em conflito. Tenho que falar tudo isso para assinalar algo que as pessoas parecem não saber hoje em dia: que o dinheiro *não* é criado pelo governo. Elas não sabem disso atualmente porque as idéias estatistas sobre mercado e dinheiro destruíram o que sabemos sobre a criação do dinheiro.

Somente ao lidar com o problema do cumprimento ou não de obrigações estabelecidas num contrato é que o governo ou, digamos, o juiz, tem que falar alguma coisa sobre dinheiro. Apenas dessa forma o governo toma contato, originalmente, com o dinheiro — assim como entra em contato com tudo o mais, ou seja, com batatas, trigo, maçãs, carros e assim por diante. Portanto, é falso dizer que o dinheiro se origina no governo, que o governo é soberano com relação ao dinheiro, e que o poder estatal pode determinar o que o dinheiro é. É falso falar que o governo trata de dinheiro de maneira diferente da que trata outras coisas. O dinheiro é um produto de acordos comerciais, bem como tudo o que entra nesse tipo de transação.

Se um juiz dissesse que o governo pode chamar de cavalo o que bem entender, e que o governo tem o direito de chamar uma galinha de cavalo, todo mundo o consideraria louco ou corrupto. Mesmo assim, depois de um longo processo, o governo transformou a situação em que deveria apenas resolver conflitos contratuais relativos ao significado de "dinheiro" em outra coisa. Ao longo dos séculos, muitos governos e muitas teorias jurídicas criaram a doutrina segundo a qual o dinheiro, um dos lados da maioria das transações comerciais, é qualquer coisa que o governo diga que ele é. Os governos se comportam como se tivessem o direito de agir de acordo com essa doutrina, que é: dizer que qualquer coisa, até um pedaço de papel, é "dinheiro". E esta é a raiz do problema monetário.

Dessa maneira é possível fazer qualquer coisa com o dinheiro: falsificá-lo, adulterá-lo da forma que se quiser, desde que se tenha o governo e os juízes do seu lado. E assim se desenvolveu um sistema que todo mundo conhece. O governo acha que é seu direito, dever ou privilégio determinar o que o dinheiro é, além de produzi-lo. Esse sistema cria condições para o governo fazer o que quiser — qualquer coisa que se possa fazer com o dinheiro. E isso cria uma situação em que o governo usa seu poder para imprimir papel-moeda a fim de aumentar o valor, o poder de compra, com que a moeda circula no mercado.

4.
OURO COMO MOEDA

Precisamos entender que historicamente as pessoas em todo lugar usavam, de início, um tipo específico de mercadoria como meio de troca. Às vezes, nos livros você encontrará menções aos tipos de bens e mercadorias que eram utilizados em diferentes épocas como meio de troca comum, como dinheiro ou moeda. As pessoas costumavam usar diversas mercadorias como meios de troca, como intermediários entre compradores e vendedores. Essas mercadorias escolhidas estavam à disposição apenas em quantidades limitadas. Se alguma coisa está disponível em quantidade suficiente para atender todas as demandas possíveis, ou pode ser acumulada de tal forma que supra todas as necessidades presentes, ela não tem valor comercial. *Somente algo que está disponível em quantidade limitada pode ter valor comercial, pode ser considerado valioso pelas pessoas.*

Ao longo dos séculos, os negociantes eliminaram vários artigos e mercadorias do grupo de meios de troca aceitos, até que sobraram apenas os metais preciosos — ouro e prata. Todo o resto passou a não ser mais um meio de troca. Quero dizer com isso que as pessoas que praticavam comércio deixaram de usar outras coisas como moeda; sujeitos que faziam trocas rejeitaram outros mediadores e passaram a usar somente ouro e prata; eles mencionavam especificamente estes metais preciosos nos contratos comerciais que firmavam. Portanto, precisamos ter consciência de que a evolução que nos levou a usar ouro e prata como moeda foi provocada por indivíduos. Então a prata também deixou de ser usada como meio de troca nos últimos séculos e o ouro continuou sendo usado como moeda. O papel do governo era confeccionar pequenos pedaços desse meio de troca. Seu tamanho e forma eram determinados pelos departamentos estatais e reconhecidos pelas leis e pelos tribunais. Não vou contar toda a história do dinheiro agora, mas digo que ela resultou na criação do padrão ouro. Este padrão monetário, o padrão ouro, é praticamente o único sistema monetário do mundo. Ele não foi criado por governos, mas pelo mercado — foi criado pelas transações entre indivíduos feitas no mercado.

Podemos distinguir dois grandes períodos na história do dinheiro, que é idêntica à história das tentativas governamentais de destruí-lo. Esses períodos não se distinguem por algum fator ou problema estritamente monetário — eles são divididos por uma grande invenção do século XV, criada por um homem chamado Gutenberg. Se os governos necessitam de dinheiro — e eles sempre necessitam, porque não ganham nada —, a maneira mais fácil consegui-lo é, desde Gutenberg, imprimi-lo. Da mesma maneira que o governo atualmente diz "dólar" — mas não vamos optar por um termo de uma moeda corrente —, utilizemos "ducados". Você chegou a um acordo que envolvia uma certa quantidade de ducados. E então, como o governo não quer reduzir seus gastos, ele declara: "O que eu imprimi na minha gráfica, num órgão governamental, e chamei de ducado, também é um ducado — o mesmo que um ducado-ouro". Coisas desse tipo começaram a acontecer quando havia bancos privados com certos privilégios junto ao governo. Até o momento em que você fechou o acordo, um ducado equivalia a uma determinada quantidade de ouro. Mas agora o governo diz que a moeda equivale a outra coisa. E quando ele faz isso, seria o mesmo que você combinar em vender um cavalo para outra pessoa e, em vez do cavalo, entregasse uma galinha e dissesse: "Está tudo certo... estou dizendo que esta galinha é, na verdade, um cavalo". São sistemas como esse que destroem mercados.

Agora quero dizer algumas palavras sobre a razão para o padrão ouro ter sido adotado e também por que ele é hoje considerado o único sistema monetário confiável. Isso acontece porque o ouro determina o poder de compra da moeda corrente, independentemente do que pensam governos e partidos políticos. O ouro tem uma vantagem: não pode ser impresso. Não se pode aumentar sua quantidade *ad libitum* (à vontade). Se uma pessoa pensa que ela, ou uma instituição a que ela está ligada, não tem riqueza em ouro suficiente, ela não pode fazer nada para aumentar a quantidade de riqueza que tem de uma maneira muito simples e barata. O padrão ouro existe e é aceito porque o aumento da quantidade de ouro no mercado tem um custo. O ouro é limitado por natureza; a produção de uma quantidade de ouro não é mais barata que a aquisição desta mesma quantidade através de transações no mercado. Isso significa que o ouro era utilizado como meio de troca.

Governos e pensadores favoráveis aos governos debocham do fato de o mundo, as nações, pensarem no ouro como moeda. Eles dizem um monte de coisas contra o padrão ouro. Mas o que dizem não importa. O que importa é que, sem nenhuma interferência de uma autoridade central, sem ação governamental alguma, os indivíduos escolheram o ouro como "moeda" conforme faziam transações comerciais. As pessoas fazem piadas com a inutilidade do ouro. É uma bobagem esse metal amarelo. Alguns dizem: "Não podemos comê-lo". Só serve para dentistas e para coisas sem importância, como as jóias. Algumas pessoas falam: "Por que o ouro? Por que usar especificamente esse metal amarelo como moeda? Deixem o ouro para os dentistas. Não vamos usá-lo para fins monetários". Eu não tenho direito a falar de dentistas; falo deles apenas como exemplo. Se eles querem ouro é outra questão. Lord Keynes chamava o padrão ouro de "relíquia dos bárbaros". Muitos livros dizem que o governo teve que intervir porque o padrão ouro fracassou. Mas ele não falhou coisa nenhuma! O governo aboliu o padrão ouro tornando ilegal a posse de ouro. Mas ainda nos dias de hoje, toda transação internacional é calculada em ouro. Os críticos não têm argumentos válidos contra o padrão ouro porque ele funciona, ao contrário do papel-moeda, que não funciona satisfatoriamente sequer aos olhos do governo.

A vantagem do sistema monetário baseado no ouro, assim como qualquer sistema monetário não-governamental, é que o aumento da quantidade de dinheiro em circulação não depende de decisões do governo. A vantagem do padrão ouro é que a quantidade de ouro disponível não depende das ações, desejos, projetos e, eu diria, "crimes", de governos diversos. O ouro pode até não ser a moeda ideal, certamente não; nada é ideal no mundo real. Mas podemos usar o ouro como meio de troca porque sua quantidade é, até certo ponto, limitada, e a produção de mais moeda exige um gasto que não tem influência sobre o poder de compra do ouro que já existe, pelo menos não mais do que têm as mudanças que ocorrem todos os dias. De modo que podemos viver, podemos existir, usando o ouro como moeda. Usando o ouro como moeda, não corremos o risco de acontecer uma grande revolução nos preços. A vantagem do padrão ouro não é que o ouro é amarelo, brilhante e pesado, mas que a sua produção, como a de qualquer outra coisa, depende de atores que não podem ser manipulados pelo governo da mesma forma que a impressão de papel-moeda pode. Quando um governo imprime um pedaço de papel, não gasta mais imprimindo "100" do que imprimindo "10" ou "1" no mesmo papel. E a situação do mercado, a situação de todas as transações humanas, todo o sistema econômico é determinado, destruído, pelo governo, quando ele acha oportuno aumentar a quantidade de dinheiro aumentando a quantidade de moeda impressa.

A crise, o problema monetário que o mundo enfrenta atualmente está acontecendo porque o governo acha que pode fazer o que bem entender com relação ao dinheiro. Não são apenas os indivíduos que às vezes deixam de cumprir suas promessas, mas os governos também. Eles já tentaram praticamente todos métodos possíveis para se safar da necessidade de pagar o que devem. E este é o problema que temos hoje.

A legislação atual impossibilitou que qualquer um recuse receber papel-moeda. Algumas pessoas inseriram cláusulas fazendo referência ao ouro como moeda para se proteger de leis que as obrigavam a aceitar papel-moeda. Como exemplo temos um país europeu, um ótimo país com uma história grandiosa, considerado até os dias de hoje como um dos mais civilizados do mundo. Não quero dizer seu nome, mas vamos chamá-lo de Utopia. O país fez um empréstimo público. Em cada página do contrato de empréstimo estava escrito: "Este governo se compromete a pagar 20 unidades da moeda de ouro de Utopia,[2] uma determinada quantidade de moedas de ouro cunhadas desta nação, esse montante em ouro, ou o equivalente em dólares americanos, resgatável em ouro de acordo com o padrão McKinley". A pessoa que comprou esse título de dívida teria dito: "Estou realmente protegido de todo tipo de imprevisto. Já aconteceu no passado de um país não pagar o mesmo montante de ouro que se comprometera a pagar. Mas agora eu tenho não apenas a garantia de que serei pago em ouro, mas também de que posso escolher. Posso solicitar que me paguem com a moeda corrente em Utopia, ou o equivalente em dólares, que têm lastro em ouro". Então, em 1933, os Estados Unidos

---

[2] Em outra ocasião (numa palestra na NYU, em 30 de abril de 1953), Mises não foi tão discreto: ele identificou o país de que falava como a Suécia.

mudaram o "preço" do ouro, como vocês sabem; reduziram valor do ouro com relação ao dólar americano. Em 1935, a Suprema Corte americana estabeleceu[3] que os detentores de títulos, que tinham recebido pagamentos em títulos de curso legal, não poderiam ser lesados nem receber em ouro. O governo de Utopia disse: "Nós também aceitamos esse novo "preço". Nós lhe pagaremos apenas a menor quantidade de ouro estabelecida pela nova lei americana, a qual não existia quando lhe vendemos esse título e nos comprometemos a lhe pagar". Isso quer dizer que os direitos dos governos no que se refere ao dinheiro são bem especiais nos dias de hoje, não se submetem às condições e práticas comuns na economia de mercado. É exatamente esse o problema monetário que vivemos atualmente.

Isso só foi possível porque o governo é a instituição que determina o que querem dizer os contratos entre cidadãos, qual é o conteúdo desses acordos. O governo tem o poder de forçar as pessoas que, de acordo com ele, não cumprem um contrato a pagar o que devem. E como o governo entende que os tribunais deveriam, necessariamente, ter o poder de dizer se as partes cumpriram as obrigações estabelecidas no contrato por elas selado, ele também acredita que tem o poder de determinar o que o dinheiro é ou deixa de ser. Da mesma forma que, quando existe um conflito entre dois indivíduos que têm um acordo, um tribunal deve dizer, por exemplo, se algo mencionado no contrato é ou não lã, o governo arroga-se o direito de dizer se alguma coisa é ou não certa quantia de dinheiro. E dessa forma, inúmeras vezes, os governos destruíram os mercados pelo mundo. Ao destruir os mercados, eles chegaram a acabar com o sistema monetário, criando a necessidade de se desenvolver um novo sistema.

---

[3] Em 18 de fevereiro de 1935, a maioria da Corte entendeu, nos casos da Cláusula Ouro (*Gold Clause cases*), *que os requerentes não foram lesados pela abolição da Cláusula Ouro* porque eles não haviam demonstrado que, com relação ao poder de compra, tinham sofrido qualquer perda.

Precisamos entender o seguinte: todo tipo de acordo entre pessoas envolve, de uma maneira ou de outra, pagamentos em dinheiro. Portanto, se você destruir o sistema monetário de um país ou do mundo inteiro, está acabando com muito mais do que isso. Quando destrói o sistema monetário, você está, em certo sentido, destruindo todas as relações humanas. Quando falamos de dinheiro, nos referimos a um campo em que o governo fez o que de pior podia ter feito: destruir o mercado, a cooperação entre os homens e todas as relações humanas pacíficas.

A verdade é que com o padrão ouro é possível ter um padrão monetário que os governos não conseguem destruir. Não há razão para deixar um governo ter uma grande influência sobre questões monetárias. Ao mesmo tempo, é absolutamente correto dizer que é por obra do acaso que é precisamente o ouro e não outra coisa que tem esta função monetária — mas o fato é que o padrão ouro impossibilita que governos destruam o sistema monetário. Por outro lado, *nada é mais fácil para os governos do que destruir um sistema monetário que se baseia numa confiança excessiva neles mesmos.*

5.
INFLAÇÃO DO OURO

O padrão ouro se deve a um acidente — um acidente geológico, eu diria —, que fez com que só existisse uma quantidade limitada deste metal. Por conta desta limitação, ele tem valor no mercado, de modo que podemos utilizá-lo como moeda. A questão principal com relação à moeda é como limitar, como não aumentar, sua quantidade.

Se utilizamos o padrão, como vocês sabem, a quantidade de ouro também pode aumentar. Nos últimos 200 anos, por diversas vezes, houve aumentos na quantidade de ouro — com a descoberta de novas minas que possibilitaram a produção de quantidades adicionais de ouro — que resultaram em pequenas quedas no poder de compra da moeda, as quais não teriam acontecido de outro modo. Então, a tendência à alta de preços pode ser gerada não só pelo aumento de papel-moeda, mas também pelo crescimento da quantidade de metal precioso disponível. Nos anos de 1848 e 1849, por exemplo, descobriu-se que havia ouro na Califórnia e na Austrália. Por um período específico, uma quantidade nova de ouro, acima da média produzida todo ano, entrou no mercado. Muita gente foi a essas minas de ouro, tentou fazer a extração, e quando encontraram ouro, gastaram-no. O resultado, por fim, foi que esses mineiros levaram mais bens de consumo do mercado do que haviam levado antes.

Se, por exemplo, um homem pobre, que jamais tivesse consumido muito, fosse para a Califórnia ou a Austrália, e alcançasse sucesso na procura de ouro, conseguiria então comprar coisas com esse ouro e viver de uma maneira muito confortável. Dentro de pouco tempo, alguns meses ou anos, desenvolveram-se cidades na Califórnia onde os mineiros levavam vidas bem agradáveis. Eles receberam coisas de verdade em troca de ouro. Onde antes não havia nada além de florestas e pântanos, agora havia cidades, casa, mobília e garrafas importadas de champanhe. E de onde veio tudo isso? Do resto do mundo. E o que o resto do mundo, os produtores e fornecedores das mercadorias e serviços receberam em troca do que os mineradores compraram? Preços mais altos! Eles ganharam ouro, claro, mas eles também tiveram que pagar mais caro pelo que queriam comprar. O efeito das grandes descobertas de ouro foi que o poder de compra de cada pedaço de ouro passou a ser menor do que seria se as descobertas não tivessem acontecido. Se você quiser, pode chamar isso de "inflação"; o efeito foi similar ao da inflação com papel-moeda.

Quer dizer, na metade do século XIX, a corrida do ouro gerou o que as pessoas na época pensaram ser uma revolução nos preços ou algo do tipo. Mas a produção de moeda adicional, moeda-ouro, era limitada; praticamente não tinha influência sobre os grandes mercados do mundo todo. Quando a única moeda verdadeira que se usava era a de ouro, ou as notas promissórias — que eram resgatáveis, convertíveis em ouro, notas que lhe davam o direito de receber uma quantia em dinheiro —, se a quantidade de ouro estivesse aumentando, havia uma queda no seu poder de compra. Então faziam-se os ajustes necessários para reordenar a situação. No entanto, essa queda no poder de compra era limitada, porque as quantidades adicionais de ouro eram rapidamente integradas no sistema monetário como um todo, e não acontecia mais nenhum incremento extraordinário de moeda.

Agora essas descobertas de ouro são casos excepcionais, e não temos que lidar com elas.

As pessoas podem fazer piadas com o padrão ouro; dizer que devemos deixar o ouro para os dentistas; que o ouro é totalmente desnecessário para o sistema monetário; e, além disso, que é um desperdício de riqueza e trabalho usar como moeda algo que custa tanto para ser produzido. Mas o padrão ouro tem uma qualidade, uma virtude: o ouro não pode ser impresso, não pode ser produzido de um jeito mais barato por nenhuma comissão governamental, instituição, agência, agência internacional ou coisas afins. Essa é a *única* justificativa para se usar o padrão ouro. Tentou-se inúmeras vezes encontrar algum método para substituir de alguma forma essas qualidades do ouro. Mas todos os métodos falharam, e sempre falharão enquanto os governos sustentarem a idéia de que é correto que um governo que não tenha coletado dinheiro suficiente para pagar seus gastos, taxando seus cidadãos ou pegando dinheiro emprestado no mercado, obtenha mais dinheiro simplesmente imprimindo mais moeda.

Há ainda uma doutrina que diz que não existe ouro suficiente. A razão para esses críticos serem contra o padrão ouro é que eles acreditam que a quantidade de dinheiro deve crescer sempre. A quantidade de dinheiro se ajusta necessariamente às demandas do público através dos preços. Ainda assim, existem escritores, professores e autores de manuais que nos dizem que não há quantidade suficiente de dinheiro, e sugerem papel-moeda e aumentos anuais do dinheiro em circulação. Eles não sabem o que estão falando. Alguns desses autores trazem a cada nova edição de seus manuais uma porcentagem diferente de aumento que eles desejam para a quantidade de dinheiro disponível no mercado. Em uma edição, dizem 5%, na próxima dizem 8% e assim por diante. Se um professor diz que deveríamos ter papel-moeda, e que todo ano o governo deveria acrescentar 8%, 10% ou 5% de moeda em circulação, ele não nos mostra uma descrição completa do que tem que ser feito. Talvez isto seja um fato relevante para nos ajudar a perceber, digamos, a mentalidade desses autores, mas não é esse o problema com que temos que lidar. A questão é *como* o governo deveria injetar esse dinheiro na economia, para quem ele deveria dá-lo. O que precisamos entender é que o aumento na quantidade de dinheiro não pode ser neutro no que diz respeito às condições dos indivíduos.

Claro que é bastante intrigante o fato de não haver outro método de organização do sistema mercantil além de usar um metal específico, amarelo: o ouro. Alguém pode perguntar: "O que teria acontecido se não existisse o ouro?" Ou então: "O que vai acontecer se um dia", ninguém pode prever nada nesse sentido, "as pessoas descobrirem um método de produzir ouro tão barato que ele se torne inútil monetariamente?". Respondo a essa questão assim: "Pergunte-me de novo quando isso acontecer". Talvez — eu não sei, ninguém sabe — um dia as pessoas descubram um método para produzir ouro a partir do nada ou, digamos, de algo que não seja ouro. Talvez o ouro se torne abundante como o ar, e de graça para todos. Se todo mundo pudesse ter tanto ouro quanto desejasse, ele não teria valor nenhum no mercado. Ninguém iria querer receber uma mercadoria de valor tão baixo em troca de outros bens ou serviços, e ele então não seria um "meio de troca". Caso você não consiga dormir à noite e não tenha nada melhor para fazer, você pode pensar no que aconteceria se um dia o ouro fosse produzido de uma maneira tão barata como, por exemplo, o papel pode ser produzido hoje em dia. Isso *poderia* acontecer! Mas ninguém realmente acha que vai. Provavelmente não vai acontecer. Porém, se isso vier a se concretizar, as pessoas terão que lidar com um novo problema. E talvez elas o resolvam; talvez não; não sabemos agora. Mas é inútil especular hoje como vai ser se isso de fato acontecer. E como não sabemos nada sobre como estará a situação quando chegar este momento, só podemos dizer: "Vamos esperar. Vamos esperar para ver se realmente um dia o ouro será tão abundante que não servirá mais para fins monetários". Tudo bem. Se isso tiver que acontecer, as pessoas vivendo nesse momento terão um problema para solucionar. Mas hoje temos outro problema. Nosso problema é impedir que a quantidade de dinheiro cresça e o seu poder de compra diminua por conta da inflação.

6.
INFLAÇÃO

A primeira regra, ou a única regra, que temos que ensinar a todos ao explicar problemas monetários é: um aumento na quantidade de dinheiro em circulação melhora temporariamente a situação para o grupo, as pessoas, a sociedade, o rei ou o imperador que fizer isso acontecer. Mas se as coisas são assim, por que fazer isso só hoje e não repetir a dose amanhã? Esta é a única questão. E este é o problema da inflação.

O problema não é aumentar a quantidade de dinheiro. O problema é aumentar a quantidade das coisas que se pode comprar com dinheiro. E se você faz crescer a quantidade de moeda disponível no mercado, sem aumentar a quantidade de coisas que podem ser compradas, os preços apenas sobem. E com o tempo, caso continue a crescer o montante de dinheiro, todo o sistema fica sem sentido e realmente não há um jeito de lidar com a situação.

Infelizmente estamos vivendo num período em que vários governos dizem que se não tivermos dinheiro suficiente para fazer alguma coisa, e se não quisermos cobrar impostos das pessoas porque elas não querem pagá-los para este propósito, precisamos ter um pouco mais de papel-moeda, não muito, só um pouquinho. Eu gostaria de atacar o problema do ouro de outro ponto de vista dizendo: "Não existe nada no mundo menos apropriado para servir como moeda do que papel impresso". Nada é mais barato. E, na prática, o que temos a dizer é que os governos estão destruindo todo o sistema da economia de mercado ao destruir o sistema monetário. Pode-se comparar a impressão de papel-moeda, e algumas pessoas já o fizeram, com o que se passou no campo do uso de drogas. Assim como quando você começa a usar certas drogas, não sabe quando ou como parar, acontece quando você começa a imprimir papel-moeda — os governos não sabem quando ou como parar.

Os preços sobem porque há mais dinheiro em circulação, solicitando, buscando uma quantidade de produtos que não subiu. E os jornais ou os teóricos chamam o aumento dos preços de "inflação". Mas a inflação não é o aumento dos preços; a inflação é o novo dinheiro injetado no mercado. É esse dinheiro novo que então aumenta os preços. E o governo se pergunta: "O que aconteceu? Como alguém poderia saber? Como eu, o cara que trabalha no Ministério das Finanças, poderia saber que esse dinheiro a mais é de fato gasto, e que esse gasto faz subir os preços, porque a quantidade de produtos não aumentou?". O governo é muito inocente. Eles não entendem o que aconteceu, porque isso se deu em outro ministério do governo.

E os governos tentam encontrar alguém que seja culpado — qualquer um menos eles mesmos. Eles acham que o responsável é aquele que *cobra* mais caro. Contudo, ele deve aumentar os preços, porque agora mais pessoas querem comprar seus produtos. Ele tem 100 unidades de um produto para vender a cinco unidades de dinheiro cada. E então as pessoas vão — não com 500, mas 600 unidades de dinheiro no bolso — e os compradores, portanto, devem pagar mais, a fim de impedir que outros comprem aquilo que querem. Assim temos inflação.

Anos atrás, muitos anos atrás — 60, para ser mais exato —, eu escrevi meu primeiro ensaio sobre os problemas relacionados à moeda. Era um estudo sobre a inflação na Áustria, e como um dia o governo decidiu abandonar a inflação e voltar à moeda estável, apesar da dura oposição do partido que se dedicava ao brilhante sistema antigo de inflação. Entreguei o ensaio ao meu professor, Böhm-Bawerk, para que ele o publicasse na revista de economia que ele tinha com alguns amigos. E um de seus amigos, um ex-Ministro da Finanças, Dr. Ernst von Plener, ao ler o manuscrito, me convidou para conversar sobre meu texto, sobre o problema. Ele estava muito interessado porque ele era um dos ministros de que o ensaio tratava. Tivemos uma conversa muito interessante e, ao final, Dr. Von Plener disse: "Esse é um estudo muito interessante que você trouxe para nossa revista. Porém, estou abismado que um jovem como você esteja interessado em um problema do passado como a inflação. Havia inflação de verdade no século XIX, em quase todos os países do mundo. Mas ela não vai voltar. Isso não vai acontecer *nunca mais*. Você acredita que o Império Britânico, a Alemanha, a França e os Estados Unidos vão deixar o padrão ouro? Não! Impossível! E o fato de esses países continuarem com o padrão ouro forçará todas as outras nações a mantê-lo também".

Eu disse: "Eu gostaria de pensar o mesmo. Mas conhecendo os livros sobre o sistema monetário e o que se tem escrito e publicado todos os dias — mesmo nos Estados Unidos e na Inglaterra — sobre esse problema, eu vejo, ou acredito que vejo, uma tendência para a volta do problema da inflação". E acho que eu estava certo! Vinte anos depois, passada a Primeira Guerra Mundial e todos os problemas que se seguiram, o Dr. Von Plener me disse: "Lembre-se da nossa conversa. Você tinha razão e eu estava errado. Sua opinião teria sido um conselho melhor para esses países". Eu concordei com isso sem pestanejar. E teria que concordar hoje de novo.

Nos anos que se seguiram à Primeira Guerra, os economistas americanos visitavam Viena com freqüência, e eu tive o prazer de conversar com eles e de explicar a inflação e as condições que se impunham à época na Áustria e em outros países da Europa. E, como vocês sabem, quando as pessoas conversam sobre problemas econômicos, elas falam e falam até ficar tarde, bem tarde da noite. E foi assim nesse caso. Então eu lhes disse: "Agora vou explicar por que as condições deste país não são lá muito satisfatórias. Eu vou levá-los para um passeio no centro da cidade, até um certo prédio". Eram 11 horas da noite ou meia-noite. E nós fomos. Estava tudo muito silencioso. Mas então eles ouviram um barulho: o som das máquinas imprimindo cédulas para o governo dia e noite. O resultado em Viena, como vocês sabem, foi moderado; o dólar americano, que valia cinco coroas austríacas, virou 14 mil ou 17 mil coroas austríacas. Sim, a inflação estava ruim. Mas esta era uma inflação modesta; na Alemanha, a inflação teve conquistas muito maiores. Eram necessários bilhões de marcos para comprar um dólar americano. Vocês acham que é piada, mas é lógico que foi uma tragédia. Para as pessoas que tiveram suas propriedades destruídas, foi uma catástrofe.

Hoje em dia a inflação é provavelmente o fenômeno mais importante na vida e nas condições políticas. Felizmente uma oposição sensata a medidas inflacionárias ainda existe neste país, e eu espero que um dia ela tenha êxito. Mas muitos governos só conseguem pensar que estão numa situação em que precisam de mais dinheiro, e eles pensam que é totalmente sensato imprimir mais moeda. Se queremos ter um sistema monetário bem feito e que funcione, não se deve aumentar quantidade de moeda em circulação sem ter em mente a todo momento que nos aproximamos de um ponto muito perigoso — um ponto em que tudo pode desabar. Vocês podem dizer que isso é tudo muito genérico; e podem questionar que ligação isso tem com os problemas das políticas cotidianas, das políticas monetárias. Tem uma ligação muito importante: quando você está lidando com alguma coisa que pode ser venenosa — não sempre, mas que pode ser —, você deve tomar muito cuidado. Deve-se ser muito cuidadoso para atingir determinado ponto. Isso é o que também podemos dizer sobre todos os remédios que mexem com os nervos e a mente das pessoas. Um médico salva a vida de algumas pessoas dando-lhes uma substância química numa certa quantidade, que ele determina e sabe exatamente qual é. E se a quantidade passasse de certo ponto, a mesma substância se transformaria num veneno fatal.

Temos uma situação perecida com a inflação. Onde ela começa? Começa no momento em que se injeta dinheiro na economia. E a partir de quando isso começa a ficar perigoso? Este é outro problema. Não é possível responder à questão com precisão. As pessoas precisam perceber que não é possível dar conselhos a políticos: "Você só pode ir até esse ponto, e a partir daí não pode mais seguir", e assim por diante. A vida não é assim tão simples. Mas o que precisamos entender, o que temos que saber quando lidamos com dinheiro e problemas monetários, é sempre a mesma coisa: que o aumento da quantidade de dinheiro em circulação, daquilo que pode ser usado com fins monetários, deve ser limitado a cada passo.

O problema é que a quantidade de dinheiro disponível que temos na maioria dos países, incluindo os Estados Unidos, está sempre crescendo. E o resultado disso é que o preço dos produtos e serviços está aumentando e as pessoas estão pedindo salários mais altos. E o governo diz que é "uma pressão inflacionária". Eu vejo esta expressão centenas de vezes todos os dias nos jornais, mas não sei o que é "pressão inflacionária". Isso não existe. Nada é inflacionário a não ser a injeção de dinheiro na economia. Ou *existe* um aumento na quantidade de dinheiro em circulação, ou *não*.

Há uma solução eficaz do ponto de vista teórico: o padrão ouro. Enquanto usarmos como meio de troca o metal precioso que é o ouro, sob as condições atuais, não precisaremos lidar com nenhum problema excepcional.

Porém, assim que começamos a aumentar a quantidade de dinheiro disponível no mercado, assim que dizemos: "Um pouco mais, não tem problema" e coisas do tipo, entramos num campo em que os problemas mudam de figura. Nós podemos ter hoje em dia um sistema monetário de pagamentos satisfatório quando aceitamos a idéia de que o ouro pode ser usado como meio de troca sem restrições. Mas então podemos dizer, do ponto de vista de teorias belas e claras, que isso não é o suficiente. Pode até ser! Entretanto, é muito satisfatório do ponto de vista da operação do sistema monetário e do mercado. E é isso que conta.

7.
A INFLAÇÃO DESTRÓI A POUPANÇA

Tudo o que o governo faz contra o poder de compra da moeda faz, sob as condições atuais, contra as classes média e trabalhadora da população. Só essas pessoas não sabem disso. E esta é a tragédia. A tragédia é que os sindicatos e todas essas pessoas estão apoiando uma política que faz suas economias perderem todo valor. Este é o grande perigo da situação como um todo.

Nas condições sob as quais as pessoas estão vivendo nos países industrializados do Ocidente — o que hoje em dia quer dizer: em todos os países nos quais o padrão civilizacional de algum modo progrediu desde os séculos XVI e XVII —, as massas estão numa posição em que, naqueles anos em que estão aptas a trabalhar, felizmente têm plena saúde para fazer previdências para quando, anos mais tarde, estiverem ou totalmente incapazes de trabalhar ou com sua capacidade comprometida pela idade ou por outras mudanças. Na situação atual, essas pessoas só conseguem poupar para quando forem velhos fazendo contratos de trabalho que lhes dão uma pensão no futuro, ou guardando parte de seus salários para investi-lo de tal modo que possam usá-la no futuro. Esses investimentos podem ser simples depósitos numa poupança no banco, ou a contratação de uma previdência, ou, por exemplo, a compra de títulos do governo, que aparentemente são totalmente seguros em alguns países. Em todos esses casos, o futuro das pessoas que estão poupando para a velhice, para suas famílias e filhos está estreitamente ligado com o poder de compra da moeda.

O homem que tem uma propriedade agrícola, um produtor de azeite ou de alimentos, ou um empresário que tem uma fábrica está numa situação diferente. Quando o preço dos produtos que ele vende sobe por conta da inflação, ele não sofrerá do mesmo jeito que outras pessoas sofrem com ela. Alguém que tenha ações verá que, em geral, o valor da maior parte das suas ações sobre na mesma proporção que os preços dos produtos quando há inflação. Mas é diferente para as pessoas que têm um salário fixo. O homem que se aposentou há 25 anos com uma aposentadoria anual de, por exemplo, US$3.000, estava, em termos gerais, numa boa situação, ou pelo menos era isso o que se achava. Porém, isso foi numa época em que os preços eram muito mais baixos do que são hoje. Eu não quero falar mais sobre essa situação e as conseqüências e efeitos da inflação para as pessoas. O que quero destacar é que o maior problema hoje em dia é exatamente esse, embora as pessoas não o percebam. O perigo é que as pessoas acham que a inflação prejudica os outros. Elas entendem muito bem que também sofrem, porque os preços dos produtos que compram sobem sempre, mas não compreendem plenamente que o grande perigo para si mesmos é exatamente o crescimento da inflação e o efeito que ele terá sobre o valor de suas economias.

Vemos hoje uma insatisfação por toda a Europa porque as massas estão descobrindo que foram elas que saíram perdendo nessas operações financeiras que seus governos acham maravilhosas. E, portanto, também quando pensamos em possibilitar que as massas aproveitem o progresso das condições econômicas e fazê-las parceiras, parceiras de verdade, no grande desenvolvimento da produção industrial que está acontecendo agora em praticamente todos os países da Europa e da América do

Norte, até mesmo no México, é necessário abandonar as políticas inflacionárias. A grande insatisfação que atualmente marca tudo o que tem acontecido na Europa, as idéias revolucionárias das massas, especialmente dos filhos das classes médias que estudam nas universidades, se devem ao fato de os governos europeus, com exceção do governo da Suíça e de outros países muito pequenos como esse, terem optado inúmeras vezes nos últimos 60 anos por uma política de inflação sem limites.[4]

Quando se trata das condições na França, não podemos ignorar qual é a verdadeira importância da inflação. Os franceses estavam certos quando disseram, no século XIX e início do século XX, que a estabilidade e a previdência social do país se baseiam em grande medida no fato de que o grosso da população tem títulos emitidos pelo governo, e, portanto, consideram a saúde financeira do país, do governo, como uma vantagem financeira sua. E agora isso foi destruído. Os franceses que não tinham negócios, ou seja, a maioria da população, eram fanáticos em poupar. Todas as suas economias foram destruídas quando a enorme inflação reduziu o valor do franco a praticamente nada. A moeda pode até não ter chegado a zero, mas para um francês que tinha US$100 antes, e acabou ficando com apenas um dólar — para ele, a diferença não foi muito grande. Somente umas poucas pessoas podem se considerar donos de alguma propriedade quando ela foi reduzida para 1% do que costumava ser.

---

[4] Mises estava se referindo às revoltas estudantis em Paris, na primavera de 1968. Os britânicos tinham desvalorizado a libra em 18 de novembro de 1967, de US$2,80 para US$2,40, e houve uma crise internacional do ouro em março de 68. Os franceses queriam voltar para o padrão ouro. Em maio, "estudantes rebeldes na Sorbonne e em outros lugares se revoltaram, enfrentaram a polícia e receberam o reforço de 10 milhões de trabalhadores, que fizeram greves por todo o país e assumiram o comando de várias fábricas. A nação ficou quase completamente paralisada". Depois que os grevistas receberam aumentos salariais e que o governo recorreu aos tanques do exército, a cidade voltou à normalidade no começo de junho. Vide *World Almanac*, 1969, p. 63, 73, 512-513.

Quando tratamos de inflação, não devemos esquecer que além das conseqüências de destruir o sistema monetário de um país, há o perigo de levar o povo ao desespero acabando com suas economias. Por décadas, apenas umas poucas pessoas concordariam comigo nesse assunto. Mesmo assim, fiquei impressionado ao ler hoje na Newsweek que a maioria das pessoas no país não está interessada na preservação do poder de compra da moeda. Infelizmente, o artigo não dizia que a destruição da poupança do povo é um assunto muito mais sério do que a famosa guerra que está sendo travada contra a pobreza.

É ridículo o governo financiar uma "guerra contra a pobreza"[5] taxando, gerando inflação, gastando e assim sacrificando a poupança do povo que está tentando melhorar de situação através próprio esforço. Essa é uma das muitas contradições do governo americano quando ele diz: "Temos que declarar guerra à pobreza. Com certeza muitas pessoas são pobres e nós precisamos fazê-las enriquecer". E ainda assim o governo cobra impostos da população para tornar o pão mais caro. Eu sei que você vai dizer: "Então o pão está mais caro; ele é uma exceção". Mas não é uma exceção! O governo americano também gasta bilhões do que arrecada para tornar o algodão mais caro. Produtos feitos de algodão certamente não são de luxo; talvez eles sejam produtos de luxo quando comparados ao pão, mas o governo faz a mesma coisa, usa a mesma política, com pão.

A *verdadeira* guerra contra a pobreza foi a "revolução industrial" e a industrialização com as fábricas modernas. No começo do século XIX, sapatos e meias eram

---

[5] O presidente Lyndon Johnson anunciara em seu "Discurso sobre o Estado da União" (*State of the Union adress*) de 8 de janeiro de 1964, uma "guerra incondicional contra a pobreza nos Estados Unidos". O dinheiro se direcionaria especialmente para "as áreas com sofrimento crônico do Appalachia" (*World Almanac*, 1965, p. 412). Em dezembro daquele ano, o congresso havia destinado US$748,2 milhões para vários projetos no Appalachia e partes de outros dez estados, principalmente para estradas e novos empregos (*World Almanac*, 1965, pp. 42, 47).

artigos de luxo para a maioria das pessoas da Europa continental; não eram objetos de uso cotidiano. E a condição de vida dessas pessoas não melhorou com impostos, tirando-se dinheiro ou sapatos dos ricos para dá-los aos pobres. Foi a indústria do sapato, e não as riquezas do governo, que melhorou a vida dos pobres, que empreendeu uma mudança revolucionária na condição de vida do povo.

Um político pode dizer: "Se eu tivesse mais dinheiro, poderia realizar coisas que me fariam muito popular no meu país". O governo tenta se tornar popular fazendo esse tipo de coisa, mas a técnica que usa se resume a gastar; e então tenta levar a fama pelo resultado positivo obtido com uma despesa. Um gasto nem sempre é bom. Às vezes ele se resume a comprar bombas e jogá-las em outros países. Porém, se a despesa é benéfica, digamos, se ela traz alguns benefícios ao país, logo o político diz: "Olha, você nunca teve uma vida tão maravilhosa como a que tem sob o meu regime. Existem pessoas más, uns inflacionistas, alguns aproveitadores, mas não tenho nada com eles. Isso não é minha culpa". E assim por diante.

Nossa situação econômica depende, em grande parte, da relação do governo e do partido ou dos partidos políticos no poder com os sindicatos. A inflação, o aumento de preços, cresce em nosso sistema econômico porque os sindicatos, a cada um ou dois anos, ou em casos excepcionais três anos, exigem salários maiores. A maioria dos trabalhadores querem salários cada vez maiores e acham que os salários podem ser manipulados *ad libitum*, à vontade, pelo governo. Os sindicatos têm o poder, pelo uso da força e com o auxílio de certas leis e instituições de Washington, de forçar as pessoas a aceitar suas demandas de salário. Se os salários param de crescer, ninguém sabe o que pode acontecer. A única solução possível ao problema da inflação é uma oposição aberta aos sindicatos e à idéia de que salários maiores são a única maneira de melhorar as condições das massas. Os sindicalistas também deveriam entender que suas condições melhorariam se os preços dos produtos desejados caíssem, mesmo que os salários não aumentassem. Eu não quero falar mais nada sobre esse problema além de acrescentar que foi o governo que o criou quando começou a injetar dinheiro na economia imprimindo papel-moeda.

Para dar um exemplo de como a inflação destrói a poupança: havia num país europeu um menino pobre criado num asilo para órfãos, muito bem educado porque quando ele terminou a escola e sua vida no orfanato ele emigrou para os Estados Unidos. No curso de sua vida longa, ele acumulou uma fortuna considerável produzindo e vendendo um produto que fez muito sucesso. Quando morreu, depois de viver 45 anos nos Estados Unidos, ele deixou a quantia considerável de 2 milhões de dólares. Não é qualquer um que deixa uma fortuna dessas; é um caso realmente excepcional. Esse homem fez um testamento que dizia que esses 2 milhões deveriam ser mandados de volta à Europa com o fim de construir outro orfanato como aquele em que ele fora educado. Isso aconteceu pouco antes da Primeira Guerra Mundial. O dinheiro foi mandado de volta à Europa. De acordo com o procedimento padrão, o dinheiro deveria ser investido em títulos do governo do país, e o rendimento seria repassado todo ano para manter o asilo. Mas veio a guerra, e a inflação. E a inflação reduziu a zero a fortuna de 2 milhões de dólares investida em marcos — simplesmente acabou com ela.

Outro exemplo: um alemão, que em 1914 possuía uma fortuna que equivalia a 100 mil dólares, tinha deixado dela, nove anos depois, talvez meio centavo ou algo do tipo, ou 5 centavos — tanto faz; ele tinha perdido tudo.

Experiências parecidas aconteceram em universidades européias. Como é o caso de muitas fundações que foram criadas ao longo de séculos por pessoas que queriam dar a meninos pobres a possibilidade de serem universitários e conquistarem o que elas tinham conquistado por conta da boa educação que receberam nessas universidades. E o que aconteceu? Todos esses países — Alemanha, França, Áustria e Itália —, tiveram grandes problemas com a inflação. E novamente ela destruiu esses investimentos. Para o benefício de quem? Do governo, é claro. E o que o governo fez com o dinheiro? Gastou; jogou fora.

Mesmo assim, as pessoas ainda acreditam que destruir o valor da moeda não é algo que causa danos para as massas. Mas causa *sim*. E causa *em primeiro lugar* para elas. Não há um jeito melhor de provocar uma grande revolução do que destruir as economias das massas que elas tiverem investido em poupanças, apólices de seguro e assim por diante. Um exemplo disso foi implementado pelo presidente de um banco em Viena. Ele me contou que quando era um jovem com seus 20 anos, optou por uma previdência privada cara demais para sua condição econômica na época. Ele esperava que quando fosse sacá-la, ele se tornaria um burguês com uma vida boa. Mas quando ele fez 60 anos, pôde sacar a previdência. A quantia, que era enorme quando ele tinha feito o contrato 35 anos antes, não era mais que o suficiente para pagar a corrida de táxi de volta para o escritório depois de ir sacar o dinheiro em pessoa. O que aconteceu? Os preços subiram, mas mesmo assim o montante em dinheiro da poupança permaneceu o mesmo. Ele havia na verdade poupado dinheiro por muitas e muitas décadas. Para quem? Para o governo gastar e sumir com o dinheiro.

Quando se pensa numa catástrofe monetária, nem sempre é preciso rememorar um colapso da moeda corrente. Isso ocorreu neste país em 1781 com a chamada "Moeda Continental". E o mesmo aconteceu mais tarde com muitos outros países, por exemplo, a mais famosa de todas as inflações, o colapso do marco alemão em 1923. Essas mudanças não são iguais, nem mesmo têm graus iguais nos diversos países. Mas não devemos exagerar a diferença entre os efeitos produzidos pelas grandes e pelas pequenas inflações. Os efeitos das "pequenas inflações" também são ruins.

Precisamos entender que na economia de mercado, no sistema capitalista, todas as relações entre pessoas não são só pessoais e íntimas, mas são expressas, feitas e calculadas em termos monetários. Uma mudança no poder de compra do dinheiro afeta todo o mundo, e não de um jeito que você pode chamar de benéfico, se esse poder cresce ou diminui. Todas as nossas relações, as relações entre indivíduos e Estado, e entre dois indivíduos, são baseadas no dinheiro. E isso não vale só para os países capitalistas. Vale para todo tipo de condição. Por exemplo, em países predominantemente rurais, em que as pequenas e médias fazendas prevalecem, é comum, necessariamente, quando um dono de fazenda morre, que um de seus filhos tome conta da propriedade e que os outros filhos, os irmãos e irmãs, herdem apenas uma parte dela. O homem que fica com a fazenda tem que pagar aos outros, ao longo da vida, cada tostão da parte da herança que lhes é de direito. Isso significa que aquele que herda as terras não recebe nada a mais nem a menos do que os outros membros da família. Mas quando o acordo prevê a transferência da propriedade para um dos herdeiros e notas promissórias para os outros herdeiros — notas que devem ser quitadas ao longo dos anos —, isso significa que a cada dia, caso seja um período de inflação, a porção do homem que ficou com a fazenda cresce e as porções que cabem aos seus irmãos e irmãs despencam.

Tivemos neste país um forte aumento inflacionário, que foi contínuo nos últimos anos, do dinheiro em circulação. Contudo, as condições são influenciadas por essa situação. Houve um aumento generalizado dos preços. Vocês ouviram falar disso; leram sobre isso; as pessoas comparam preços e falam bastante sobre isso. Ainda assim eu não devo exagerar na minha avaliação do que já aconteceu com o dólar; o que ainda não é algo que torne uma catástrofe inevitável. Se vocês forem a certos países — Brasil ou Argentina, por exemplo —, também encontrarão inflação, mas uma inflação muito maior. E se perguntarem a alguém no Brasil que moeda ele considera estável, que não perde o poder de compra, ele dirá: "O dólar americano... uma maravilha!". Claro, quando comparado com a moeda de seu país.

O problema da moeda, o problema prático dela hoje em dia em todo o mundo é exatamente esse: os governos acreditam que numa situação como a que indiquei anteriormente, quando existe uma escolha entre um imposto impopular e um gasto muito popular, existe uma saída — o caminho da inflação. Isto mostra o problema de se abandonar o padrão ouro.

A moeda é o fator mais importante na economia de mercado. Ela foi criada pela economia de mercado, não pelo governo. Ela resultou do fato de as pessoas terem substituído pouco a pouco o meio de troca comum pela troca direta. Se o governo destrói a moeda, não destrói apenas uma coisa de extrema importância para o sistema, o dinheiro que as pessoas pouparam para investir e para ter segurança em alguma emergência; destrói também o próprio sistema. A política monetária é o centro da política econômica. Então todo o papo sobre melhorar as condições de vida, sobre fazer as pessoas prosperarem pela expansão do crédito, pela inflação, é inútil!

8.
INFLAÇÃO E CONTROLE GOVERNAMENTAL

A cooperação humana pode ser organizada de acordo com dois modelos diferentes. Um deles é o modelo da lei absoluta ditada por um único governante, o modelo socialista — tudo é organizado sob o comando de um líder, *der Führer*. Esse termo não é muito usado na língua anglo-saxã porque as pessoas não achavam que o sistema pudesse de fato funcionar. Mas nos países em que o socialismo impera, o termo *der Führer*, o líder, é muito conhecido. Nesses países tudo depende do regime autocrático; todo o mundo tem que obedecer às ordens ditadas pela única autoridade central. As pessoas que gostam desse sistema chamam-no de "ordem"; as pessoas que não gostam, de "escravidão".

O sistema em que pessoas obedecem às ordens da autoridade central é muito conhecido para qualquer um que tenha servido o exército. Para o exército, é o único sistema possível. Se alguém faz uma crítica ao sistema centralizado, nós não podemos esquecer que ele é o único apropriado para um propósito especial, para a finalidade especial que ele pode alcançar.

As principais características do mercado são: que o governo não dá ordens às quais as pessoas são obrigadas a obedecer; não controla os preços; e que os preços e os salários são determinados pela demanda e pelo abastecimento no mercado. Foi este sistema que deu origem às constituições e todos os produtos e serviços que juntos podem ser chamados de vida moderna civilizada. O contrário do mercado é sua abolição e substituição pelo Estado socialista ou comunista. Isto significa planejamento, planejamento central, no qual tudo é determinado por decretos e ordens do governo.

Os representantes do governo não podem ignorar a opinião pública; não podem ignorar as idéias e práticas do povo. O governo nunca está livre para fazer a lei que bem entender. Ele não pode se sustentar levando em consideração somente as opiniões dos que estão no comando. Então, as leis tendem a seguir as práticas e teorias aceitas. E isto acontece também no campo do dinheiro. A este respeito, o governo deve aceitar e levar em consideração a moeda que se desenvolveu das ações e das idéias dos indivíduos.

Tomemos como exemplo a seguinte situação política: o governo quer gastar mais do que gastou até ontem, mas não tem dinheiro suficiente. E não quer aumentar os impostos, ou por razões políticas ou porque simplesmente não pode cobrar mais. Nem pode pegar dinheiro emprestado, porque do seu ponto de vista não seria vantajoso. O governo quer gastar mais e não quer cobrar mais da população. Ele quer se parecer com o Papai Noel, o que é uma posição muito agradável, uma posição mais popular do que a de um cobrador de impostos. Portanto, o governo não aumenta os impostos para conseguir o dinheiro para seus novos gastos; ele cria a inflação; imprime moeda. O que é importante lembrar com relação à inflação é que enquanto o dinheiro em circulação aumenta, as outras coisas permanecem inalteradas. A inflação é muito barata. É uma coisa barata de produzir. O que acontece então? Os preços sobem. O governo, é claro, quer uma saída, uma solução, e então é provável que tente congelar os preços. O governo não percebe que se o público realmente obedecer à sua ordem de congelar os preços, os vendedores despacharão todos os seus produtos para clientes habituais pelos preços antigos ou fixados, e o resultado será que aqueles que receberem o dinheiro adicional no bolso não terão nada para comprar.

Quero dar um exemplo típico do funcionamento do controle de preços pelo governo. Na Primeira Guerra Mundial e depois novamente na Segunda, os governos alemão e inglês, entre outros, começaram a usar a inflação como meio de financiar a guerra. A adição do dinheiro novo ao que já estava em circulação levou a uma tendência de alta nos preços da qual o governo não gostou. O governo queria que a atividade econômica continuasse a mesma. Mas é claro que ela não era a mesma. Portanto, o governo alemão, assim como outros, recorreu ao controle de preços.

Se os preços são fixados abaixo do que seriam num mercado desimpedido, os produtores com custos altos são condenados a sofrer perdas. O governo começa, digamos, congelando o preço do leite. Disso resulta que os produtores de artigos mais caros deixam de entregar leite no mercado e o transformam em outros produtos, como por exemplo a manteiga. Assim, a quantidade de leite à venda não apenas deixa de aumentar, mas diminui, o que é exatamente o oposto do que o governo queria. O governo desejava que o leite fosse mais acessível para a famílias comuns, mas a quantidade de leite caiu. Quando as autoridades pedem uma explicação dos produtores, a resposta deles é que sofreriam prejuízo se produzissem leite, por causa do preço que teriam que pagar, digamos, pelo feno, e portanto eles usaram a produção de leite para fazer manteiga, cujo preço máximo o governo ainda não tinha fixado. O governo então congela o preço do feno. E aí a mesma história se repete com este produto. Desse modo o governo segue, passo-a-passo, até chegar ao que os alemães na Primeira Guerra Mundial chamavam de plano Hindenburg, uma socialização completa de tudo.

O governo alemão quebrou ao fim da Guerra. Mas muitos anos depois, o governo Brüning reimplementou o controle de preços, que Hitler desenvolveu até o limite. O controle de preços transformou a propriedade e a produção privadas em um sistema de controle completo do governo sobre tudo. O comunismo alemão, o nacional socialismo sob Hitler não expropriou através de leis os donos dos meios de produção, mas cada passo da economia era determinado pelo governo. Ainda havia empresários, embora a palavra "empresário" tenha sido eliminada; eles eram chamados de "administradores de lojas". Eles ficaram no topo das organizações empresariais, mas tinham que obedecer à risca todas as ordens do governo. Eles tinham que comprar matéria-prima pelo preço determinado pelo governo, vender para outras empresas pelo preço fixado pelo governo, e contratar funcionários nomeados pelo governo.

Não existe um terceiro sistema econômico que possibilite que, por um lado, exista liberdade de mercado e, por outro lado, evite o socialismo ou o comunismo. A intervenção no mercado gera, do ponto de vista das autoridades que estão agindo, efeitos inevitáveis que são ainda piores que o estado de coisas que elas queriam modificar. A fim de fazer o sistema funcionar, as autoridades vão mais longe, passo-a-passo, até criar uma situação em que a iniciativa de todas as pessoas é destruída, e tudo depende das autoridades, da liderança do governo.

A razão para não termos hoje controle de preços aqui são as experiências em outros países. O governo não se cansa de repetir que precisamos controlar os preços. Mesmo assim, ele esquece de avisar o fabricante de cigarros que é proibido aumentar em um centavo o preço do maço. Em vez disso, o governo tenta conversar com os fabricantes de cigarros e representantes de milhares de outras empresas para pressioná-los. Enquanto o governo não começa a congelar preços, ainda não fez nada para impedir que o sistema atual opere como ele não gosta.

Na verdade, ele fez o contrário. Ele introduziu a inflação em nosso sistema atual — inflação até mesmo no sentido popularmente aceito, que o próprio governo o utiliza, ou seja, o aumento de preços.

Nós vemos, portanto, que o problema da moeda é muito mais do que apenas um problema de organização do mercado. O mercado hoje está lutando pela sua existência e sua independência. O governo tenta intervir no mercado, e agora estamos a um dia, um ano, ninguém sabe quanto tempo, do que se chama de controle de preços. E isto significa a abolição do mercado.

9.
DINHEIRO, INFLAÇÃO E GUERRA

Alguém pode argumentar que existem situações em que o governo é forçado a aumentar a quantidade de moeda em circulação, em que é mais sábio da parte do governo agir dessa forma. Essa situação seria quando o país é ameaçado de invasão por exércitos estrangeiros. O que o governo pode fazer? Precisa gastar mais. E como as pessoas não estão pagando impostos suficientes, e o governo não pode aumenta-los porque a população não tem mais dinheiro, o governo tem que imprimir papel-moeda. Para ver se esse argumento está correto, vamos abordar problemas históricos.

O que querem dizer exatamente com "não poder evitar a inflação"? E o exemplo que aparece é de um caso particular — a guerra! Ora, por favor! Numa guerra, os governos precisam de armamentos e várias outras coisas para defender o país — não quero enumerá-las agora. Essas coisas precisam ser produzidas e custam dinheiro. Se os cidadãos não estão preparados para fornecer o armamento, o seu país será derrotado na guerra e se tornará dependente. Mas aumentar a quantidade de dinheiro não muda a situação.

Em alguns casos, quando o governo inflaciona a economia sob certas condições, podemos até dizer que a situação era tal que a alternativa à inflação, ao aumento da moeda em circulação, também era muito ruim. Quando as colônias americanas estavam lutando contra a Inglaterra na guerra da independência, elas optaram pela inflação. Porque a outra alternativa, aos olhos dos homens responsáveis por causar a inflação, por imprimir mais papel-moeda, era a derrota certa. Se fosse realmente possível preservar, por meio da da inflação, a independência do que depois veio a ser os Estados Unidos, então ela estaria justificada. A catástrofe, então, não poderia ser evitada. Mas a catástrofe, o colapso da moeda em 1781, depois da guerra da revolução, não significou a mesma coisa que significaria anos depois, quando as condições econômicas mudaram. Durante os anos da guerra, as colônias americanas eram predominantemente terras agrícolas; a maioria das pessoas era dona ou trabalhadora de um pedaço de terra com produção agrícola e poderia sobreviver à catástrofe que o colapso da moeda americana, o dólar continental, causou depois da revolução. Conseguir comida na época não envolvia ir ao mercado. Eles não usavam o dinheiro para comprar comida ou praticamente coisa alguma. Quando o governo continental causou a inflação em 1781, o homem que tinha uma pequena fazenda e trabalhara com sua família nela e tinha alguns dólares perdeu esse dinheiro por conta da inflação, mas isso não o afetou muito. Portanto, todo o problema da inflação teve pouca importância para os americanos no final da guerra.

Não podemos comparar as condições atuais dos Estados Unidos com as que o país vivia em 1781. Hoje nós não temos mais o sistema simples que existia naquela época, em que o dinheiro significava muito pouco para a maioria das pessoas. Tivemos outros exemplos assim no passado. Mas sob as condições de uma sociedade altamente desenvolvida — com divisão do trabalho, sob as condições de uma sociedade em que praticamente todo mundo depende de trabalhar para outras pessoas, são pagos em dinheiro, e usam esse dinheiro para comprar coisas, sob essas condições que eu não preciso descrever porque elas são conhecidas de todos —, um colapso da moeda significaria uma coisa bem diferente. Não há desculpa para um governo que recorre à inflação hoje em dia dizendo: "Mas não se esqueçam que temos uma velha tradição de inflações. Nós somos hoje uma nação independente porque tivemos uma inflação durante a guerra da independência, na revolução". Não se pode comparar as situações.

Houve também, por exemplo, o grande problema dos Estados Unidos, o maior problema histórico para o país, que foi a guerra civil na década de 1860. Havia então os estados do Norte e os estados do Sul. E os estados do Sul estavam numa situação muito ruim porque tinham pouquíssimas indústrias. Sua produção agrícola era ótima, mas suas indústrias não conseguiam produzir o armamento necessário. Desde o primeiro dia da guerra civil, a situação dos sulistas era péssima, especialmente porque a marinha do Norte estava posicionada para impedir o comércio entre eles e os países europeus, que conseguiriam lhes fornecer armas. Hoje em dia é impossível melhorar a situação militar de um país através da inflação, mesmo num país em que todos os materiais necessários para a guerra estejam disponíveis. Portanto, ainda que levemos em consideração as necessidades de um país que luta por sua sobrevivência, a inflação *enquanto tal* não é uma medida que melhora suas condições. A falta de armamentos não poderia ser afetada de jeito algum pelo fato de que o governo da secessão aumentou a quantidade de moeda em circulação. Mas se você fosse um político nos estados do Sul e estivesse se aproximando da derrota, e alguém lhe perguntasse: "Você não sabia que, se imprimir papel-moeda, cédulas, mais e mais dólares do tipo sulista, vai destruir esse sistema?"; você teria respondido: "Por que você está falando do dinheiro? O problema agora é se os estados do Sul, o nosso sistema, que é mais importante que qualquer coisa no mundo, vai sobreviver ou não. Nossa guerra, ou nossa rebelião," depende de como você enxergava o problema, "está acabada". Ele podia imprimir moeda para tentar conseguir o que era necessário para continuar a lutar. Então ele imprimia as notas, cada vez mais. E o valor delas caiu até chegar a zero.

Com a eclosão da Primeira Guerra, muitos governos que ainda não haviam recorrido à inflação e providenciaram todo o dinheiro de que precisavam através de impostos, começaram a imprimir cédulas, papel-moeda. O efeito era, necessariamente, um movimento ascendente nos preços. Os governos não eram ingênuos ao ponto de não saber o que gerariam com seus novos métodos de conseguir dinheiro para os gastos. Eles sabiam que a política de colocar quantidades enormes de dinheiro no mercado geraria necessariamente uma tendência de alta nos preços. Mas o que os governos fizeram? Com a eclosão da guerra, com a mudança nas suas políticas, eles também começaram a criar leis que puniam pessoas que, de acordo com as idéias do governo, estavam cobrando preços mais altos do que cobravam antes por produtos. O que governos de certos países, de muitos países, fizeram sobre esse assunto é simplesmente inacreditável — eu diria que foi um "ardil" — eles tipificaram um novo crime, um novo método para punir os cidadãos. Declararam que existia um crime especial de especulação. E começaram a prender pessoas. Por quê? Porque, segundo esses governos, os cidadãos especuladores estavam cobrando mais caro do que antes, mais do que o governo achava necessário.

Não quero dizer que a inflação é um vício e chamá-la de "imoral". Eu não utilizo esse tipo método para criticá-la. Mas, sinceramente, tem uma coisa que podemos saber com certeza sobre ela. Hoje em dia não conseguimos dizer se amanhã ou depois agentes do governo escolherão, por alguma razão, aumentar a quantidade de dinheiro em circulação, ou seja, gerarão inflação. Eles podem ter uma desculpa para isso. Eles dirão: "A inflação é ruim. Esses problemas inflacionários nunca deveriam surgir".

E então completariam: "Sim, mas não levamos em consideração as condições de uma guerra importante. Essa situação realmente não existia antes". E aí eles injetarão moeda no mercado.

Em um dos vários países beligerantes dos últimos 50 anos, havia um ministro das finanças que, quando lhe foi perguntado "por que você gera inflação? Não é um crime destruir a moeda do seu país ao injetar dinheiro e assim aumentar os preços?", respondeu: "Em tempos de guerra, é dever de todo cidadão, de cada ramo do governo e de todas as partes do país contribuir tanto quanto possa para defender a nação. Deste ponto de vista, como ministro das finanças, eu contribuí imprimindo dinheiro".

Antes da Primeira Guerra Mundial, os alemães eram bastante inteligentes e muito patrióticos. Mas infelizmente, por várias décadas, o governo e todos os professores que tinham sido indicados para as universidades tinham ensinado economia muito mal, especialmente economia monetária. Sessenta anos atrás, um professor alemão, muito renomado na área, D. F. Knapp, afirmou: "O dinheiro é tudo aquilo que o governo determinar que é". Ele não estava falando nada de novo. A única coisa nova era que um professor o estava dizendo; então todos os membros do governo reagiram com um "tudo bem", e até aqueles que não diziam que estava tudo bem agiam como se concordassem com a idéia. Isso significava que os governos se viam no direito de dizer o que as pessoas tinham em mente quando faziam acordos que envolviam dinheiro. Não era nada extraordinário que um professor dissesse isso — os professores às vezes falam coisas nada excepcionais. Mas o extraordinário foi que as pessoas concordaram.

Um economista americano, B. M. Anderson, previu que a influência do professor Knapp seria tamanha que os estudantes provavelmente teriam "que ler seu livro se quisessem entender a próxima década da história alemã... vejam sua teoria, vejam a chamada doutrina econômica sobre o dinheiro e aí verão o que acontecerá com o dinheiro alemão".[6] E ele estava totalmente certo! O resultado chegou muito rápido. Quando a Alemanha foi para a guerra, o governo não percebeu, e muito menos o povo, que para entrar numa guerra o essencial não é papel-moeda, mas armas e várias outras coisas. Então eles imprimiram cédulas. E imprimiram dia e noite. O resultado foi que o valor da moeda alemã do período pré-Primeira Guerra se deteriorou. O dólar americano em 1914 valia 4,2 marcos alemães, como era havia 60, 80, 100 anos. Vocês sabem quanto custa um selo postal. A política monetária alemã de aumentar a quantidade de dinheiro em circulação, imprimindo-o sem parar, chegou a um ponto em que um selo alemão no começo dos anos 20 do nosso século passou a custar muitos milhões de marcos. Imaginem como tinha ficado a situação em 1923, quando uma pessoa que comprava um selo para mandar uma carta à próxima vila tinha que pagar vários milhões de marcos. Vinte milhões de marcos era mais do que a fortuna das pessoas mais ricas da Alemanha pouco tempo antes. Ao fim dessa inflação, nove anos depois, o dólar valia 4,2 *bilhões*, uma coisa puramente fantástica, porque ninguém consegue imaginar, ter uma idéia concreta, do que é um bilhão. Esse foi o efeito da doutrina econômica de que o dinheiro é uma criação do governo. O fato de o governo ter imprimido moeda, de ter aumentado a quantidade de dinheiro em circulação, não melhorou a situação das forças armadas ou da resistência alemãs. Foi apenas uma tentativa de iludir o povo alemão e os estrangeiros quanto aos efeitos da guerra.

É verdade que o Reichsbank imprimiu cada vez mais dinheiro. *Mas o significado dessa famosa inflação na Ale-*

---

[6] "É bem possível que os estudantes americanos tenham que ler seu livro [G. F. Knapp, *Staaliche Theorie des Geldes,* Leipzig, 1905] se quiserem entender a próxima década da história monetária alemã. Será melhor para a Alemanha se as coisas não seguirem este caminho!". B. M. Anderson, O valor do dinheiro. New York: Macmillan, 1917, p. 435.

manha de 1923 era que esses pedaços de papel tinham valor de moeda legal. Mas o que isso significava? O governo se arrogou o direto de dizer não só o que era dinheiro, mas também de decretar o que as pessoas deveriam aceitar como dinheiro. A legislação impossibilita que as pessoas se recusem a aceitar o papel-moeda. Da mesma forma, a atual inflação do dólar americano [1969] se deve ao fato de que as cédulas de dólar têm valor legal e ao mesmo tempo a posse de ouro é ilegal. O ouro acumulado foi confiscado, e tornou-se ilegal fazer transações em ouro.[7]

---

[7] Os cidadãos americanos voltaram a ter o direito de possuir ouro somente depois da morte de Mises, em 1973. A lei de 31 de dezembro de 1974 liberava a retomada da venda de ouro em janeiro de 1975.

10.
O LADO CONSTITUCIONAL DA INFLAÇÃO

Quando tratamos desses assuntos, não podemos esquecer que eles não têm apenas um lado econômico; eles têm também um lado constitucional. Vocês podem dizer que o governo é a instituição mais importante. O governo *é* muito importante em diversos aspectos. Talvez as pessoas superestimem a importância do governo, mas *ninguém* superestima a importância de um *bom* governo.

As constituições modernas, os sistemas políticos de todas as nações que não são comandadas por déspotas bárbaros são baseadas no fato de que o governo depende financeiramente das pessoas e, indiretamente, dos homens que os eleitores escolheram para a assembléia constitucional. E esse sistema em que o governo não tem poder para gastar nada que não tenha recebido da população através dos procedimentos constitucionais que possibilitam que ele cobre impostos. Esta é a instituição política fundamental. E é um problema político fundamental dizer se um governo pode gerar inflação. Se o governo tem o poder de imprimir seu próprio dinheiro, essa regra constitucional se torna absolutamente inútil.

Todo o nosso sistema político se baseia no fato de que os eleitores são soberanos, que eles escolhem o Congresso e outras das instituições nos vários estados que dirigem o país. Nós chamamos os Estados Unidos de democracia porque o comando do país está nas mãos dos eleitores. São eles que determinam tudo. E isso distingue o sistema não apenas dos sistemas despóticos de outras nações, mas também das condições que prevaleciam no passado em países que já tinham instituições e governos parlamentares. De todo modo, desenvolveu-se, principalmente na última década, um problema constitucional: se o governo precisa pedir a aprovação do povo através do Congresso quando quer gastar mais, ou se o governo, por estar estabelecido e ter um exército de homens armados à sua disposição, é livre para gastar o quanto quiser, simplesmente imprimindo a quantia de dinheiro. As pessoas precisam perceber que a questão é: "Quem deveria ser soberano? Os parlamentares eleitos pelo povo, que podem restringir o gasto do governo, recusando-se a dar o poder de taxar a população? Ou instituições que querem se sobrepor aos interesses do povo aumentando a quantidade de dinheiro para expandir os gastos governamentais, e ignorando assim a prerrogativa e independência do eleitor individual?".

Se nós não conseguirmos restaurar o sistema monetário que torna o indivíduo até certo ponto independente da interferência das instituições governamentais — bancos públicos, autoridades monetárias do governo, estabelecimento de preços pelo governo e coisas do tipo —, perderemos todas as conquistas do livre mercado e da livre iniciativa dos indivíduos, não importando quais sistemas constitucionais usarmos. Se o governo puder gerar inflação sempre que quiser gastar mais, ele pode tirar tudo das pessoas sem o seu consentimento: seu poder de compra, suas economias, e assim por diante. Desse ponto de vista, desaparece até mesmo o princípio fundamental que todos vêm como a diferença entre um governo comunista e um governo baseado na idéia de liberdade individual: a preservação do livre mercado e da capacidade das pessoas de controlar o governo.

Se vocês olharem para a história constitucional da Inglaterra no século XVII, aprenderão que os Stuart's tiveram problemas com o parlamento britânico. O conflito consistiu exatamente no fato de o parlamento não estar disposto a dar ao rei da Inglaterra o dinheiro que ele precisava para fins indesejados para os parlamentares. O povo desaprovava grande parte dos gastos do governo, e o parlamento não estava exatamente ansioso para criar impostos. Os reis Stuart's queriam gastar mais do que o parlamento estava disposto a liberar. Se o Rei daquela época, digamos em 1630, tivesse perguntado a um dos atuais *experts* em finanças públicas: "O que eu posso fazer? Não tenho dinheiro!", o *expert* teria respondido: "Infelizmente, sua família, os Stuart, chegaram cedo demais à sua posição de governantes. Duzentos ou trezentos anos depois seria muito mais fácil para um governo como o que você quer governar o país. Uma máquina impressora teria sido suficiente para possibilitar que seu governo gastasse todo o dinheiro que precisava para ter um exército e outras coisas necessárias para defender o rei do povo". Mas os pobres Stuart's viviam numa época em que as técnicas de produção de papel-moeda não tinham se desenvolvido de maneira notável. Charles I não podia gerar inflação. Não existia nenhuma solução para ele; o rei não podia ter gastos deficitários. Essa foi a ruína da família e do regime Stuart. E no conflito que se originou dessa ruína, um membro da família perdeu sua vida de um jeito muito desagradável — Charles I perdeu a cabeça.[8] E a família Stuart perdeu a coroa da Inglaterra. O que os pobres Stuart's não tinham era a vantagem que trazem as impressoras hoje em dia.

O problema monetário contra o qual precisamos lutar hoje em dia é o de pagar pelos gastos do governo que não são aceitos — ou, digamos, não são aprovados — pelo povo. O modo de lidar com as questões governamentais

---

[8] Charles I foi decapitado em 30 de janeiro de 1649.

— as questões públicas — não é diferente do modo de lidar com as questões financeiras e monetárias da vida privada. Se o governo quer gastar, tem que arrecadar o dinheiro — ele tem que taxar as pessoas. Se ele não o fizer, mas aumentar a quantidade de dinheiro em circulação a fim de gastar mais, acaba gerando inflação. A diferença entre as condições na Inglaterra do século XVIII e as de outros países, por exemplo na Rússia, se resumia ao fato de que o governo russo era livre para tirar da pauta o que quer que desejasse, enquanto o governo britânico não. O governo britânico tinha que agir em conformidade com o disposto num conjunto de leis que limitava a quantidade de dinheiro que ele tinha o direito de arrecadar de seus cidadãos. E ele tinha que gastar esse dinheiro estritamente de acordo com o desejo do povo.

Todas as nossas leis constitucionais e nosso sistema de governo se baseiam no fato de que o governo não tem permissão de fazer nada que viole o sistema de leis que representa a moral, as idéias e a filosofia reais de nosso povo. Mas se o governo tem a possibilidade de aumentar a quantidade de dinheiro disponível, todas essas leis se tornam absolutamente inúteis e sem sentido. Se dissermos que o governo tem que gastar, tem o direito de gastar um certo montante de dinheiro para manter as pessoas aprisionadas, isso tem um sentido. Definitivamente existe uma razão para esse gasto. Todas as nossas cláusulas legais são até certo ponto influenciadas pelo fato de que essa é a porção de dinheiro dada ao governo para esse fim. Porém, se o governo se vê numa posição em que pode aumentar a quantidade de dinheiro disponível para usar para seus próprios fins, todas essas coisas se tornam meramente uma expressão teórica praticamente sem sentido algum. Não podemos esquecer que toda a proteção dada aos indivíduos através das constituições e leis desaparece se o governo tem permissão para destruir o significado de todas as relações entre os homens através da degradação do sistema de trocas indiretas e moeda que chamamos de mercado. E isto é muito mais importante do que qualquer outro problema que discutimos hoje em dia. Foi a interferência violenta do governo que deteriorou a moeda, que destruiu as moedas no passado, e que hoje talvez esteja destruindo-as novamente.

Há alguns anos, podíamos encontrar freqüentemente citações de Lenin dizendo que o melhor método para destruir a livre iniciativa era destruir o sistema monetário. Hoje um professor na Alemanha já demonstrou que Lenin nunca falou isso. Mas se *tivesse* falado, teria sido a única coisa certa que saiu da sua boca.

O problema monetário que temos neste país, e que podemos encontrar atualmente em todos os países, é o mesmo: manter o orçamento em equilíbrio, balancear o dinheiro que entra e o que sai, receita e despesas, sem imprimir mais papel-moeda, sem aumentar a quantidade de dinheiro em circulação. Esse problema não é apenas econômico. Ele é também o problema fundamental do governo constitucional. O governo constitucional se baseia na idéia de que o governo pode gastar apenas o que recolheu em impostos. E ele só pode cobrar impostos se a população os aceitar através do voto dos seus representantes no parlamento. E, dessa forma, os eleitores são soberanos. Portanto, o problema do gerenciamento monetário num país da modernidade não pode ser separado da questão constitucional — da doutrina que diz que todos os problemas do governo, todas as questões governamentais são decididas em última instância pelo voto do povo. Não faz diferença se vocês chamam isso de democracia ou de governo popular. Mas não existe problema monetário ou orçamentário que possa ser separado da questão constitucional de quem comanda o país, de quem decide em última instância o que deve ser feito nele.

11.
O CAPITALISMO, OS RICOS E OS POBRES

É muito popular a idéia — e criticada por raríssimas pessoas — de que o sistema capitalista gera condições satisfatórias para uma minoria de exploradores, enquanto as massas ficam cada vez mais pobres. De todos os enormes problemas ligados a crises monetárias, quero lidar com esta questão especialmente porque a mais popular, ou ao menos uma das mais populares, das idéias de Marx é a de que o sistema capitalista gera o empobrecimento progressivo, a deterioração progressiva das condições econômicas das massas, em benefício de um número cada vez menor de pessoas que se tornam mais e mais ricas a cada ano.

As pessoas acham que esses problemas monetários dos dias de hoje dizem respeito aos bem-de-vida, e que as pessoas simples não estão interessadas neles. Eu quero lhes mostrar quão errada é esta idéia. É comum as pessoas pensarem que quando o governo gera inflação e, conseqüentemente, diminui o poder de compra da moeda, cria uma situação vantajosa para as massas, para a maioria das pessoas, e que só os ricos sofrem com isso. Se preferirem não usar o termo "sofrer", podemos usar "ter que pagar preços mais altos pelas coisas". Bem, esta idéia de que os interessados no assunto não são as massas, ou seja, a maioria das pessoas, mas apenas os ricos, e que são apenas os mais ricos e abastados que estão preocupados, se baseia numa doutrina antiga.

Essa doutrina era absolutamente correta na época de Sólon (638–559 a. C.) de Atenas, ou da Roma antiga dos irmãos Graco (mortos em 121 d. C. e 133 d. C.), ou na Idade Média. Na era pré-capitalista os ricos eram donos das terras, e é por isso que eram ricos. Eles podiam poupar e aumentar suas posses investindo em propriedades concretas: casas, negócios, propriedades fundiárias. Ou eles podiam aumentar suas fortunas cuidando de maneira mais conservadora das florestas que detinham. Por outro lado, havia pessoas que eram pobres, muito pobres — pessoas que não tinham nada, e que ocasionalmente ganhavam um pouco de dinheiro, mas que não tinham nenhuma oportunidade de acumular alguma coisa para melhorar suas condições. Nas condições estabelecidas no passado, as massas não tinham oportunidade de guardar dinheiro; o homem pobre só tinha possibilidade de talvez ganhar umas poucas moedas e escondê-las em algum lugar, possivelmente num canto escuro de sua casa — mas não mais do que isso. Ele estava sempre com uma tentação de gastá-las. Ou poderia perdê-las. Ou alguém poderia roubá-los. Os pobres não tinham a chance de fazer suas economias crescerem emprestando-as a juros. Até mesmo na Inglaterra, o mais avançado país capitalista do século XVIII, era impossível para um homem pobre poupar dinheiro exceto acumulando algumas moedas numa meia velha escondida em sua casa. Essas economias não rendiam nada. Apenas os ricos podiam investir o dinheiro a juros, talvez numa hipoteca ou algo assim.

Naquele tempo, quando as pessoas falavam de credores e devedores, eles tinham em mente uma situação em que quanto mais rico fosse um homem, mais chances ele tinha de ser um credor, e quanto mais pobre, mais chances de ser um devedor. Isto estava baseado na idéia de que o governo deveria ajudar os pobres que tinham dívidas altas, enquanto os ricos que tinham crédito tinham riqueza suficiente. Portanto, o método do governo de diminuir o poder de compra da moeda ajuda os devedores, pois suas dívidas assim encolhem, e ao mesmo tempo isso vai contra os credores, já que seus créditos também encolhem.

Nós tendemos a achar que a situação atual é parecida: que as pessoas ricas de hoje são credores, e que certamente não são devedores nem têm dívidas. Mas não vivemos mais nas condições em que os autores na época pré-capitalista viviam e lidavam com problemas desse tipo. A situação é muito diferente hoje em dia. É muito diferente porque hoje são completamente diferentes a organização dos negócios, suas exigências, e seus ajustes aos vários indivíduos. O capitalismo enriqueceu a massa — não toda ela, é claro, porque o sistema ainda precisa lutar contra a hostilidade dos governos. Mas sob as condições do capitalismo, os credores não são mais os ricos e os devedores, os pobres. O capitalismo desenvolveu um grande sistema ao possibilitar que a massa da população mais pobre, as pessoas que têm menos — não quero falar que eles são pobres no sentido em que se usa o termo, apenas que eles são mais pobres, menos abastados que as pessoas ricas, que os empresários —, guarde dinheiro e invista indiretamente suas economias em operações de negócios. Os ricos são proprietários, por exemplo, das ações de uma empresa. Mas as empresas devem dinheiro, ou porque elas emitiram títulos, títulos de dívida, ou porque eles têm alguma relação com um banco, pegando dinheiro emprestado dos bancos e utilizando-o na condução dos seus negócios. Assim, os grandes milionários, os donos de propriedades, de ações e coisas do tipo, são, nesse sentido, devedores. As massas, as pessoas que chamamos de menos abastadas que os ricos, investiram suas economias em poupanças, em ações, em previdência e coisas do tipo. E os bancos detêm o dinheiro da poupança dos cidadãos simples que são, portanto, credores. E nas condições atuais, se você faz alguma coisa contra o poder de compra da moeda, como praticamente todos os governos fazem, você não está perseguindo os ricos, e sim as classes médias e as massas populares, que economizam durante toda a vida para aproveitar melhor sua idade avançada, para possibilitar a educação de seus filhos etc.

O fato de os títulos do governo serem de certo modo livres de impostos significa que o governo dá privilégios especiais para os ricos, a fim de atraí-los para o mercado de títulos, e assim tornar-se credor. Esse é um sistema bem complicado; pode-se chamá-lo simplesmente de sistema de privilégio por meio de impostos baixos com o objetivo de fazer com que o estrato mais rico da população também se interesse por comprar títulos do governo, possibilitando assim que o poder público gaste mais. Mas em geral, temos que dizer que grande parte, a grande maioria, dos privilégios, dos "benefícios" que as pessoas obtêm das políticas inflacionárias do governo não chegam às massas, mas somente àqueles que têm condições de vida melhores. Então os "benefícios" da inflação são pagos pelas massas.

Há pouco tempo atrás, existia o poderosíssimo movimento nazista na Alemanha. Não importa o que se diga da Alemanha: não podemos chamá-la de um país de iletrados. Não podemos dizer que a população alemã era inexperiente nos problemas do capitalismo e da indústria moderna. Nesse país, um dos principais *slogans*, muito popular que deu milhões de votos ao partido nazista foi: "É preciso acabar com a escravidão dos juros. Vocês são escravos que pagam juros para os ricos, e nós vamos acabar com essa servidão". Vejam: o que era essa "escravidão dos juros"? Essa idéia foi fantástica, pois ela se dirigia às massas, às pessoas mais pobres, para quem as grandes corporações e outras instituições dessas faziam pagamentos de juros. Mesmo assim praticamente ninguém discordou desse *slogan*. Um famoso jornal alemão, talvez o mais rico em informações sobre os problemas econômicos, o *Frankfurter Zeitung*, publicou um artigo que dizia: "Vocês, que aceitam esse programa do partido nazista de acabar com a escravidão dos juros, sabem que são credores e não devedores?" E eles eram, mas não sabiam. No dia em que o jornal publicou esse artigo na primeira página, eu estava a caminho de Londres, viajando no trem expresso de uma ponta a outra da Alemanha, da fronteira com a Áustria para a fronteira com a Holanda. Pude ver pessoas lendo esse artigo e disse a mim mesmo: "Elas não entendem dessas coisas, então estão fadadas a sofrer a conseqüências". E eles sofreram as conseqüências? Claro que sim! O marco perdeu completamente o valor. Isso quer dizer que todas as heranças, as economias das pessoas — os credores —, desapareceram, em benefício dos devedores.

Pessoas que vivem num país como os Estados Unidos poupam nos anos em que estão com todo o vigor e podem ganhar dinheiro. Elas não juntam economias apenas para se preparar para condições inesperadas que podem surgir um dia; elas o fazem sistematicamente para que, quando forem velhos, tenham uma renda sem precisar trabalhar. Por exemplo: as pessoas estão fazendo previdências, acumulando dinheiro na poupança, e fazendo com seus empregadores acordos que estabelecem que estes são obrigados a lhes pagar no futuro uma certa quantia como pensão, entre outras coisas. Agora, quando a economia sofre com uma inflação, todas as pessoas sofrem, porque perdem sem parar enquanto a inflação cresce — pois esse crescimento significa que o poder de compra da moeda diminui. Se queremos um sistema que permita que o indivíduo planeje sua própria vida e a vida de sua família, se queremos um sistema em que as pessoas digam: "Se eu tiver a oportunidade de trabalhar e juntar dinheiro, vou melhorar minhas próprias condições e as condições da minha família", precisamos então ter um sistema estável de, como se costumava chamar, "segurança burguesa". Porém, se o governo insiste na destruição da poupança de seus cidadãos através da inflação, ele gera uma situação em que as pessoas fazem o que fizeram em vários países comunistas na Europa, como nessas histórias de violência e destruição que já conhecemos.

O exemplo da Alemanha pode nos ajudar a perceber que ainda há muitas coisas sobre problemas econômicos que precisamos aprender — e não só gerentes de grandes bancos, editores de jornais de negócios e tipos como esses, mas todos nós. É por isso que eu acho que todo mundo deveria se interessar por problemas econômicos; não porque eles sejam mais importantes que outros, nem porque acho que todos deveriam melhorar seus conhecimentos teóricos, mas pela simples razão de que devemos saber, na qualidade de eleitores e cidadãos, como cooperar na formação do sistema econômico de nosso próprio país, nossa nação, e de todo o mundo. Essa é uma das razões para as pessoas lidarem com esses problemas. Não são coisas interessantes para a maioria; elas não são fáceis de se estudar; mas existem razões para dizer que são fundamentais para a preservação da segurança econômica de cada um. Temos que mudar a opinião das pessoas que acreditam que as questões monetárias só interessam a grupos ligados ao mundo dos negócios, pequenos grupos de pessoas etc.

12.
DESVALORIZAÇÃO MONETÁRIA NO PASSADO

Alguns historiadores têm uma tendência muito ruim a atribuir virtudes às gerações passadas e vícios às gerações atuais. Eu ficaria muito descontente se vocês pensassem que estou querendo dizer que todas as épocas foram muito virtuosas, e que a inflação só existiu depois da invenção da imprensa e do desenvolvimento do papel-moeda. Mas os agentes inflacionários já existiam muito tempo antes da imprensa. Vocês não deveriam acreditar que a inflação é um vício exclusivo da nossa época. Porém, os governos do passado tinham um problema mais complicado do que têm os atuais; os antigos tinham que lidar com moeda manufaturada, cunhada, a partir de metais preciosos como ouro ou prata. E nem ouro nem prata podem aumentar em quantidade na mesma proporção que o papel pode ser impresso e virar dinheiro.

Inúmeras vezes surgiram problemas porque esses materiais que serviam de moeda foram tratados de modos que violam acordos e ferem os interesses de algumas pessoas em nome dos interesses de outras. Se vocês quiserem estudar hoje em dia esse processo, vão a um museu que tenha moedas cunhadas no passado e vejam o que aconteceu às moedas de prata do antigo império romano do século III. Numa cidade como Nova York há uma boa seleção de coleções como essa. Vocês podem observar essas moedas de vários pontos de vista. A maior parte das pessoas olha para elas do ponto de vista estético, mas vocês também podem olhar para elas do ponto de vista histórico, não como simples moedas de metal, mas como dinheiro. E vocês verão o que governos já fizeram para lucrar, falsificando o sistema monetário, ao aumentar ilegalmente, e contra o desejo das pessoas, a quantidade de dinheiro em circulação.

Os vários tipos de moeda freqüentemente tinham que enfrentar duas doenças. Uma delas, o corte de moedas, gerou a diminuição de tamanho e peso da moeda corrente. E a segunda doença, que muitas vezes se ligava à primeira, mudou a cor das moedas de prata, praticamente a única moeda usada naquele tempo. O que esses governos antigos faziam era cunhar as moedas no formato tradicional, mas misturando à prata ou ao ouro algum metal menos precioso, como o cobre. Infelizmente o cobre tem uma cor diferente da prata, e outro peso, o que podia ser descoberto por pessoas que tinham métodos e técnicas tecnológicas à sua disposição. Era um processo muito difícil. Mas eles o faziam. E não diziam nada a respeito. As moedas lentamente mudaram de cor ao longo dos anos, ficaram um pouco avermelhadas, não porque foram afetadas por idéias comunistas, que chamamos hoje de "vermelhas", mas porque os governos, que produziam as moedas, punham cada vez mais cobre nelas, enquanto todos pensavam que elas eram de prata pura. Conforme os governos foram ficando ainda mais, digamos, audaciosos, e acrescentavam mais e mais cobre às moedas, a cor delas mudava a olhos vistos. Além disso, a maioria das pessoas não são daltônicas, especialmente quando o assunto é dinheiro. Isso foi demais para elas. Então não foi muito fácil continuar sustentando essa ficção. As moedas tornaram-se mais vermelhas e cada vez mais finas.

O governo defendia que as novas moedas que cunhava não eram diferentes das que haviam sido cunhadas no passado. De qualquer maneira, era sempre uma catástrofe para os cidadãos, que não sabiam como lutar contra isso. Mas era um mal menor, apesar de os efeitos, os efeitos inevitáveis da inflação, terem se tornado visíveis até mesmo naquele tempo. Levou um tempo para que simples cidadãos descobrissem isso. Porém, mesmo os cidadãos com pouca informação e conhecimento sobre metais poderiam descobrir a diferença entre uma moeda legal e propriamente cunhada dentro dos padrões e outra que não havia sido. O povo logo descobriu que o governo podia gastar mais, e gastava, do que antes. E os preços subiam.

O famoso imperador romano Diocleciano (286–305 d. C.) tem presença constante na história da religião — não por suas boas ações, eu diria —, mas ele também aparece nos anais da história monetária. Quanto mais diminuía nas moedas a quantidade de prata em relação à quantidade de cobre, mais os preços subiam. E o imperador agia do mesmo modo que nossos governantes de hoje. Ele dizia que a culpa era de outras pessoas, dos homens de negócio. E por isso ele recorreu ao controle de preços. Nossos controles de preços são impressos em papel, mas no século III, no tempo de Diocleciano, esses controles eram gravados na pedra, como fazemos nossos monumentos hoje. Portanto, sua interferência no mercado foi preservada por conta de sua lei de preços. Nós ainda temos hoje, gravadas na pedra, a lei de Diocleciano em que ele decreta o controle dos preços, o teto dos preços, com o mesmo sucesso — ou melhor, com a mesma falta de sucesso — que alcança nosso atual sistema de controle de preços.

O poder dos governos de fazer moeda, o poder de cunhar, começou com o governo dizendo: "Essa é uma quantidade definida, um peso definido, e uma qualidade definida de metal precioso". Antes disso, sob a antiga, a original lei romana, para comprar terras exigia-se a presença de um homem com uma balança para medir o peso correto da quantidade de metal precioso envolvido na transação. Ao final desse processo, o governo achava que tinha o direito de dizer que tipo de metal precioso era aquele e qual era sua quantidade exata. Uma evolução de milhares de anos — literalmente de milhares de anos, porque existiam problemas desse tipo em certas condições há 2 mil anos — significa que até naquela época governos tentavam interferir no mercado interferindo na moeda.

13.
MUITOS PROFESSORES DE ECONOMIA ACREDITAM QUE A QUANTIDADE DE DINHEIRO EM CIRCULAÇÃO DEVERIA AUMENTAR

Muitos professores de economia famosos acham que a quantidade de dinheiro disponível não é suficiente. É inacreditável, mas nós temos, já há muito tempo, há vários anos, manuais que dizem, em todas as suas edições, que a quantidade de dinheiro em circulação deveria aumenta em 2%, 5% ou 7%. Eles mudam a proporção todos os anos — a quantidade que eles sugerem não é tão importante — o importante é o fato de eles dizerem que esse aumento é bom quando pensam nas suas políticas. Muito bom! O governo, os bancos podem distribuir mais dinheiro, mas não podem distribuir mais *mercadorias*. E este é o problema. Já que esse dinheiro extra fará os preços dos produtos aumentarem, aqueles que não receberem nenhum centavo dele serão lesados. E é isto o que as pessoas não vêem e não entendem. Como a quantidade de moeda em circulação aumenta a cada ano, um grupo pode dizer: "Por que *nós* não temos mais dinheiro?". E então o governo lhes dá um pouco mais, assim como dá mais a outros grupos. Esta é a situação que temos hoje. A pergunta sempre vai ser: "Para quem vocês dão esse dinheiro a mais?" Porque, se a quantidade adicional é dada a outra pessoa, *suas* condições serão comprometidas.

Eu não digo nem que a quantidade de dinheiro em circulação deva aumentar, nem que deva diminuir. Não faz sentido autores criticarem em seus manuais o aumento da riqueza de alguns grupos da sociedade e a diminuição da riqueza de outros, e ao mesmo tempo sugerirem políticas que geram precisamente essas condições que eles consideram erradas. Do ponto de vista da maioria das pessoas, das massas, a injeção de dinheiro na economia é ruim.

De qualquer forma, esses métodos inflacionários são muito populares. São populares porque geram uma situação confortável para o governo. Eles também são muito confortáveis do ponto de vista de um membro do parlamento, que não é responsabilizado pelo aumento nos impostos, mas ele aceita com prazer a responsabilidade pela alta nos gastos. Portanto, se vocês lerem relatórios do parlamento que não são divulgados em todos os jornais, descobrirão que a maior parte dos membros de qualquer parlamento — estou falando de parlamentos de países representados nesta sala — é rápida para sugerir gastos extras, além de aumento nos impostos que os eleitores de sua região *não* pagam. Ao mesmo tempo, eles têm restrições quanto a sobrecarregar seus eleitores com o que consideram um aumento injusto nos impostos.

Certa vez eu ouvi de um membro do governo, um ministro das finanças de um país que era famoso por sua inflação e por nada mais, dizer: "Meu ministro da educação diz que precisa de mais dinheiro. Eu sou o ministro das finanças. Tenho que arranjar o dinheiro. Tenho que imprimir dinheiro". Não importa se o propósito é bom ou ruim. A conseqüência disso é que o mercado fica com uma demanda maior por produtos e serviços que foi criada do nada.

Um aumento na quantidade de várias coisas é muito bom — sim, a multiplicação de coisas que são úteis. Mas um aumento na quantidade, vamos dizer, de ratos e camundongos, não seria muito útil. Felizmente essa não é uma questão que os homens têm que decidir, porque nesse assunto os interesses de todas as pessoas coincidem. Porém, os interesses não coincidem quando falamos de dinheiro. O que atrapalha o raciocínio de muitas pessoas, lamentavelmente incluindo as pessoas no comando de atividades políticas e governamentais, é a idéia de que a quantidade de dinheiro é que importa. Para o indivíduo certamente é melhor ter mais do que menos dinheiro. Mas para a economia como um todo não é melhor ter mais dinheiro do que menos. A moeda é um meio de troca. E isso significa, em primeiro lugar, que sua quantidade não tem a menor importância para que seu funcionamento seja perfeito. Se aumentarmos a quantidade total de dinheiro em circulação, a quantidade total do meio de troca, não melhoramos as condições gerais da economia; só mudamos a proporção entre a avaliação de bens e serviços feita pelos indivíduos e aquilo que usamos como moeda. Quero deixar isso mais claro usando um exemplo muito simples tirado do cotidiano.

O mais ferrenho defensor e pregador da inflação do nosso tempo, Lord Keynes, estava certo *do seu ponto de vista* quando atacou a chamada "Lei de Say". Bem, essa Lei é uma das grandes realizações do início da teoria econômica. Na chamada Lei de Say, o francês Jean-Baptiste Say[9] disse que não se pode melhorar as condições econômicas simplesmente aumentando a quantidade de dinheiro; quando os negócios não vão bem, não é porque não existe dinheiro suficiente. O que ele tinha em mente, o que queria dizer ao criticar a doutrina de que deveria haver mais moeda em circulação, era que tudo o que alguém produz é ao mesmo tempo uma demanda por outras coisas. Se mais sapatos são produzidos, eles são bens ofertados no mercado em troca de outros bens. Em última instância, os produtos não são trocados por dinheiro — este é só um meio de troca —, são trocados por outros produtos. E se aumentamos a quantidade de dinheiro circulando, não melhoramos a

---

[9] Jean-Baptiste Say (1767-1832).

situação de ninguém além da pessoa específica para quem o demos; esse homem pode assim comprar mais coisas, subtrair mais coisas do mercado.

Quando perguntaram ao comerciante: "Por que seu negócio não melhorou? Por que você não ganha mais dinheiro?"; ele respondeu: "As pessoas não têm dinheiro e, portanto, meu negócio não tem resultados satisfatórios". O que ele quis dizer não é que *todas* as pessoas não tinham dinheiro suficiente, mas que seus clientes estavam sem dinheiro bastante. Ele disse: "Meus clientes infelizmente não têm dinheiro suficiente e, portanto, não podem comprar mais coisas de mim". Se o comerciante quisesse ganhar mais, e se os seus clientes, tomados em conjunto, não fossem ricos o suficiente para aumentar seu negócio, ele teria que encontrar novos clientes. Mas ele não quis dizer que era necessário mais dinheiro em geral. Ele não falou que estava preocupado com o mundo todo, com o dinheiro de todas as pessoas. O que este comerciante tinha em mente era que *seus* clientes precisavam de mais dinheiro. Essa é a "filosofia do comerciante".

Hoje em dia os governos acreditam — talvez eles sejam inocentes nesse caso, já que essa crença lhes é transmitida pelos "maus" professores — que alguma coisa deve ser feita. De fato, todos concordam que mais dinheiro deveria ser direcionado para esse ou aquele propósito — se é para escolas, hospitais, pesquisas científicas ou qualquer outra coisa, não faz diferença. Vamos imaginar que o governo diz que seus servidores têm salários muito baixos; eles precisam de aumento. Como o governo não produz nada por si mesmo, o único método bem-sucedido que ele pode seguir é taxar mais as pessoas e usar a receita para aumentar o salário de certos servidores públicos. Não tem outro jeito de o governo melhorar as condições de seus empregados a não ser tirando dinheiro do resto da população, piorando, assim, suas condições de vida. Se o governo taxa, tira alguma coisa dos pagadores de impostos, então eles são forçados a restringir seus gastos, mas não existe motivo para uma mudança geral de preços. As pessoas para quem o governo deu aumento têm a possibilidade de comprar o que as outras pessoas costumavam comprar e não podem mais porque os impostos aumentaram. As mudanças aconteceriam pelo fato de que algumas coisas que o Sr. A costumava comprar não é mais ele quem compra, mas o servidor público Sr. B. Essa situação tenderia a causar o aumento dos preços de algumas coisas que o Sr. B compra e a redução dos preços de produtos que o Sr. A não consegue mais comprar. Porém nenhuma mudança revolucionária acontece na tabela de preços como um todo. É isso que sempre acontece em um país cujo governo tem um orçamento equilibrado. Mas há outra alternativa, outro método. E o governo usa esse outro método.

O governo imprime o dinheiro de que precisa. Como vocês sabem, imprimir dinheiro é muito fácil para o governo. E se o governo o faz, qual é o efeito? O efeito é que aqueles para quem o governo deu o dinheiro novo, nesse caso os funcionários públicos, podem agora comprar mais. Nada mudou no mundo; tudo está do mesmo jeito que ontem; não há mais produtos disponíveis no mercado; mas existe uma quantidade maior de dinheiro porque o governo o imprimiu e distribuiu entre seus funcionários que trabalham, por exemplo, nas forças armadas. Pode ter sido com a melhor das intenções possível. Não discutimos os itens do orçamento do governo, mas apenas o seu valor total. Então o governo dá esse dinheiro para alguns indivíduos, e eles vão ao mercado com uma demanda adicional, que não existia até ontem. Lord Keynes gostava muito desta demanda; ele a achava maravilhosa; sim, é verdade. Ele chamava essa demanda excedente de "demanda efetiva". Claro, essa descrição é bastante correta. Mas a questão é que os preços sobem. E o que isso significa?

Tomemos como exemplo as batatas. Não existem batatas a mais no mercado. Mas existe mais dinheiro na mão das pessoas que querem comer batatas. Enquanto ontem era normal uma pessoa gastar um dólar para comprar batatas para suprir suas necessidades, hoje ele precisa de uma quantia maior: digamos, dois dólares; só porque há mais dinheiro circulando, não porque algo mais tenha mudado. Se ele oferecesse somente um dólar, o homem que ganhou o dinheiro adicional do governo diria: "Opa! Eu vou pagar US$1,10 e levar as batatas, e você pode voltar para casa de mãos vazias". É isso o que todos nós estamos vivendo hoje em dia — alta nos preços por conta da inflação.

O governo aumenta a quantidade de dinheiro em circulação. Todos os males que sofremos todo dia com as condições do nosso mercado se devem ao fato de o governo acreditar que é permitido e natural produzir moeda para aumentar suas possibilidades de gasto. A fim de gastar mais, os governos não têm que fazer praticamente nada além de fazer um pedido para o setor responsável pelas impressões: "Imprimam uma quantidade de dinheiro e a entreguem para nós". Se cidadãos fizerem o mesmo, o governo não vai gostar nada disso. Existem várias empresas que fazem impressão pelo país; a maioria delas têm capacidade de imprimir notas de dólar. O que impede o cidadão individual de imprimir dólares, papel-moeda, é uma série de leis que tornam essa prática um crime, e o governo é poderoso o bastante para barrar quem tentar fazer isso, recorrendo a prisões, condenações e coisas do tipo. Porém, se o governo mesmo imprimir dólares, ele age dentro da legalidade e aumenta a quantidade de moeda em circulação. E este é o problema monetário. Além de gerar uma situação muito ruim para as pessoas que não receberam parte do dinheiro adicional: primeiro, por não terem recebido mais dinheiro, e segundo, ainda por terem que enfrentar preços maiores.

14.
DOIS PROBLEMAS MONETÁRIOS

A função do governo é impedir a violência. A função que o governo adotou, aceitou e carrega com relação ao dinheiro é decidir o que as partes quiseram dizer num acordo e se elas cumpriram aquilo que, livremente, se comprometeram a fazer. Nesses acordos, o termo "dinheiro" é usado para especificar o meio de troca usado pelas partes quando se encontraram e firmaram o contrato. Mas quando o governo viu essa situação, tomou para si o privilégio de cunhar o metal usado nesses acordos e de utilizar as moedas, num primeiro momento sem más intenções. No começo, isso não significou nada além de uma declaração do governo dizendo que a moeda era um pedaço de metal de um determinado peso e que ela poderia ser usada pelas partes de um acordo. Mas em vários países, os governos muitas vezes abusaram das possibilidades que essa situação lhes deu. A situação era simplesmente essa: desde épocas muito antigas, na história de quase todos os grupos de nações e de toda civilização, se desenvolveu entre os governos que faziam isso (cunhavam certos metais) a idéia de que eles tinham o direito de ser — para mim é muito difícil dizer esta palavra — "ardilosos". Quando falamos sobre essas coisas, não devemos esquecer que os governos faziam isso de má-fé. Mas quando o governo se envolve com dinheiro, ele se depara com dois problemas.

O primeiro é o aumento dos preços, a chamada "inflação", problema este que o governo, seus representantes e escritores oficiais não reconhecem como tal. Uma das características mais importantes da "New Economics",[10] antes conhecida apenas como "economia ruim", é a mudança do significado dos termos. Não muito tempo atrás, "inflação" significava um crescimento considerável na quantidade de dinheiro, e seus substitutos, em circulação. O efeito desse crescimento era sempre uma tendência geral de aumento de preços. Todo mundo sabia e admitia isso, e com certeza o governo também sabia. Hoje em dia a terminologia oficial foi modificada. Precisamos perceber que o termo "inflação" é usado atualmente em discussões populares sobre o assunto com um sentido muito diferente do que tinha no passado. As pessoas hoje chamam de "inflação" o aumento nos preços, quando na verdade ela não é o aumento de preços, mas o aumento na quantidade de dinheiro em circulação no mercado que leva ao aumento de preços.

As pessoas atualmente não falam de aumento de moeda em circulação; os representantes de nossa doutrina oficial não desejam tocar nesse assunto. Eles falam apenas do fato de que os preços estão subindo. Eles chamam isso, o efeito, de "inflação". Eles sequer mencionam o fato anterior, a causa da subida, que é o aumento da quantidade de moeda disponível no mercado. Eles partem do princípio de que o governo não tem nada a ver com isso, e que só quer manter os preços estáveis. Eles simplesmente supõem que o movimento ascendente de preços e salários, que chamam de "inflação", é causado pela maldade das pessoas de fora do governo, por "pessoas más" que estão cobrando preços mais altos.

O segundo problema é o próprio aumento da quantidade de dinheiro em circulação. Vamos falar de um país

---

[10] A doutrina se baseia essencialmente no ensinamento do economista britânico Lord John Maynard Keynes de que a inflação através dos gastos do governo era a solução para qualquer crise econômica.

fantasticamente pequeno, digamos a Ruritânia. O governo do país quer arrecadar dinheiro para alguns de seus gastos. Ele diz, por exemplo, que certos trabalhadores deveriam receber salários maiores. O valor total recolhido em impostos pelo governo é de um milhão de unidades da moeda local. Sim. Mas o governo quer gastar dois milhões. Ele soma ao milhão que já arrecadou dos cidadãos mais um milhão que imprimiu especialmente para este propósito. O resultado é que uma quantidade maior de dinheiro é trocada no mercado por uma quantidade de produtos reais, consumíveis, que não cresceu. E isso significa que os preços devem necessariamente subir. O governo tem uma equipe de homens instruídos que tenta dissimular essa relação muito simples usando termos que algumas vezes não significam nada, e outros que querem dizer exatamente o oposto do que realmente está acontecendo no sistema econômico.

Para entender o que isso significa, precisamos antes de tudo fazer algumas perguntas: quais são os efeitos necessários e inevitáveis de um aumento da quantidade de dinheiro disponível no mercado? Qual é o efeito gerado quando o governo gasta mais do que arrecada em impostos ou pega emprestado das pessoas aumentando a quantidade de dinheiro em circulação? O que acontece quando alguns dos que recebem parte dessa quantidade excedente de dinheiro compram qualquer coisa?

Nós não deveríamos ser muito rigorosos ao julgar governos que imprimem dinheiro porque querem gastar mais do que arrecadam das pessoas. A situação no parlamento, no congresso, ou órgão parlamentar é que existe, por um lado, um imposto muito, extremamente impopular, e por outro, um gasto muito popular. Vocês sabem que os gastos do governo sempre fazem sucesso com aquelas pessoas que recebem o dinheiro. Isso é fato, certo? Não podemos fazer nada a respeito. Temos um gasto muito popular. E as eleições não estão muito longe. Então, o que o governo, um governo fraco, faz numa situação como essa? Não venham me dizer que se estivessem no controle teríamos um governo melhor; talvez vocês também fossem mais fracos se estivessem nessa situação. O governo recorre à inflação, o que significa um aumento na quantidade de dinheiro em circulação. E este é o segundo problema monetário.

15.
FINANCIAMENTO DA DÍVIDA E EXPANSÃO DE CRÉDITO

Eu presumo que vocês saibam como o sistema bancário se desenvolveu e como os bancos puderam aprimorar os serviços lastreados por ouro transferindo os ativos de um indivíduo para outro nos registros bancários. Quando estudamos a evolução da história do dinheiro, descobrimos que havia um sistema em alguns países que permitia que todos os pagamentos fossem feitos por transações nos registros de um ou de vários bancos. Os indivíduos abriam uma conta depositando ouro no banco. Há uma quantidade limitada de ouro para que os pagamentos feitos sejam limitados. E era possível transferir ouro da conta de uma pessoa para a de outra. Mas os governos começaram a fazer uma coisa que só posso descrever em linhas gerais. Eles começaram a emitir papéis que queriam que ocupassem o lugar do dinheiro, que fizessem o seu serviço. Quando as pessoas compravam alguma coisa, elas esperavam receber do seu banco uma quantidade de ouro para pagar por ela. Mas o governo se questionou: "Qual é a diferença para as pessoas entre receber ouro de verdade e receber um título do banco que lhes dá direito a solicitar ouro? Vai ser a mesma coisa para elas. Então o governo passou a emitir notas de papel, ou a dar aos bancos o privilégio de emitir notas, que davam ao indivíduo que as recebessem o direito de sacar a quantia em ouro. Isso levou a um aumento no número de títulos bancários que davam aos proprietários o direito de sacar ouro.

Não faz tanto tempo assim que nosso governo divulgou um novo método para tornar todo mundo próspero: um método chamado "financiamento da dívida". Bom, essa é uma expressão maravilhosa. Vocês sabem que termos técnicos têm o péssimo hábito de ser incompreensíveis para as pessoas. O governo e os jornalistas que estavam escrevendo para o governo nos explicaram esses "gastos deficitários". Era uma coisa fantástica! Era considerado o método que melhoraria as condições de vida de todo o país. Mas se você o traduzir numa linguagem mais comum, a linguagem das pessoas sem estudo, dirá "dinheiro impresso". O governo diz que você pensa isso por conta da falta de escolaridade; se você tivesse mais conhecimento, não diria "dinheiro impresso"; você chamaria isso de "financiamento da dívida" ou "gastos deficitários". Mas o que isso significa? Deficitário! Isso significa que o governo gasta mais do que arrecada com impostos e pegando empréstimos das pessoas; quer dizer que o governo gasta em tudo aquilo que deseja gastar. Isso significa inflação, injetar mais dinheiro no mercado; não interessa para que propósito. E isso gera redução do poder de compra da moeda. Em vez de arrecadar o dinheiro que quer gastar, o governo fabrica o dinheiro. Imprimir moeda é a coisa mais fácil que existe. Todo governo é esperto o bastante para fazê-lo.

Se o governo quer desembolsar mais dinheiro do que antes, se quer comprar mais coisas para um propósito qualquer ou aumentar o salário de seus funcionários, não existe outra maneira, sob circunstâncias normais, além de cobrar impostos mais altos e usar essa arrecadação extra para pagar, por exemplo, pelos vencimentos mais altos de empregados. O fato de as pessoas terem que pagar mais impostos para que o governo aumente o salário de seus funcionários significa que os contribuintes são forçados a restringir seus gastos. Essa restrição para os contribuintes neutraliza a expansão do consumo por parte dos que receberam o dinheiro arrecadado pelo governo. Logo, essa simples contração do gasto de alguns, os cidadãos de quem o governo pega o dinheiro para dar para terceiros, não gera uma mudança generalizada nos preços.

A questão é que não há nada que o indivíduo possa fazer que coloque a máquina da inflação para funcionar. Isso quem faz é o governo. O governo gera a inflação. E se o governo reclama do aumento de preços e designa uma comissão de estudiosos para lutar contra a inflação, só temos que dizer: "Saibam que ninguém além de vocês mesmos, o governo, gera inflação".

Por outro lado, se o governo não aumenta os impostos, não incrementa sua arrecadação normal, mas imprime uma quantidade adicional de moeda e distribui entre seus funcionários, novos clientes aparecem no mercado. Assim, o número de compradores aumenta, enquanto a quantidade de produtos à venda permanece o mesmo. Os preços necessariamente sobem, porque existem mais pessoas com dinheiro que querem adquirir mercadorias, e o abastecimento delas não aumentou. O governo não se refere ao aumento de dinheiro em circulação como "inflação", mas sim à subida dos preços. O governo então pergunta quem é o responsável por ela, a subida dos preços. A resposta: pessoas "más"; eles podem até não saber por que os preços sobem, mas de qualquer forma pecam ao cobrar preços mais altos.

A melhor prova de que a inflação, ou a injeção de dinheiro no mercado, é muito prejudicial é o fato de aqueles que a geram negarem reiteradamente, e de maneira bem inflamada, que tenham alguma responsabilidade sobre isso. "Inflação?", eles perguntam. "Ah! São vocês que estão gerando isso, porque cobram mais caro. Não sabemos por que os preços estão subindo. Existem pessoas más que estão aumentando os preços. Mas não o governo!" E o governo diz: "Preços mais altos? Olha, essas pessoas, essa empresa, esses homens maus, o presidente dessa empresa..." Mesmo se o governo culpa os sindicatos — não quero tratar aqui dos sindicatos —, precisamos saber que uma coisa que os sindicatos *não podem* fazer é aumentar a quantidade de dinheiro em circulação. E, portanto, todas as atividades dos sindicatos são realizadas dentro dos limites determinados pelo governo quando este influencia na quantidade de dinheiro que há no mercado.

A situação política, a discussão da questão da inflação, seria muito diferente se as pessoas responsáveis por criar o problema, o governo, dissesse abertamente: "Sim, nós é que fazemos isso. Criamos a inflação. Infelizmente precisamos gastar mais do que as pessoas estão preparadas para pagar em impostos". Mas eles não dizem isso. Não dizem abertamente para todos sequer "aumentamos o dinheiro em circulação. Nós o fizemos porque precisamos gastar mais — mais do que vocês estão nos dando". E isso nos leva a um problema puramente político.

Aqueles que recebem primeiro, no bolso, o dinheiro injetado na economia lucram com a situação, ao passo que os outros são forçados a diminuir seus gastos. O governo não reconhece isso; não diz: "Pusemos mais dinheiro na economia e, portanto, os preços subiram". Ele começa dizendo: "Os preços estão subindo. Por quê? Porque as pessoas são más. É dever do governo impedir que essas pessoas gerem o aumento de preços, a inflação. Quem pode fazê-lo? O governo!". Então completam: "Vamos impedir o lucro e coisas assim. *Essas* pessoas, os especuladores, é que estão criando a inflação; eles estão cobrando mais caro". E o governo cria "diretrizes" para aqueles que não querem estar em desacordo consigo. Então, ele acrescenta que o faz por "pressões inflacionárias". Eles inventaram muitos outros termos que nem consigo lembrar, termos tão tolos, para descrever a situação: "Inflação de custos", "pressões inflacionárias", e coisas do tipo. Ninguém sabe o que é "pressão inflacionária"; ela nunca foi definida.[11] O que é claro é o significado de *inflação*.

Inflação é um acréscimo considerável na quantidade de moeda em circulação. A tendência ascendente dos preços que resulta da inflação, do fato de que o sistema foi inflado pela injeção de mais dinheiro, faz as coisas ficarem mais caras. E esse sistema pode funcionar por um tempo, mas apenas se existir alguma força que restrinja o desejo do governo de colocar mais dinheiro no mercado e que tenha poder suficiente para ter algum sucesso na empreitada. Os males que o governo, seus apoiadores, comissões etc. reconhecem estão ligados a essa inflação, mas não do jeito que elas são discutidas. Isso mostra que a intenção dos governos e seus apoiadores (propagandistas, promotores) é ocultar a verdadeira causa do que está acontecendo. Se quisermos ter uma moeda aceitável no mercado como meio de troca, não deve haver a possibilidade de se aumentar a quantidade dela em benefício de alguém, seja governo ou cidadão. *Os maiores fracassos monetários, as piores coisas que aconteceram às moedas não foram feitas por criminosos, mas pelos governos, que com muita freqüência podem ser considerados, em termos gerais, como ignorantes, mas não criminosos.*

---

[11] A conversa sobre "pressão inflacionária" e "diretrizes" vem dos anos 60. Naquela época, as empresas estavam aumentando os preços e os salários porque o governo tinha aumentado tanto a quantidade de dinheiro no mercado e os representantes governamentais estavam tentando convencer os empresários a manter os preços e aumentos de salário abaixo de 3,2%. Essa era considerada a porcentagem máxima permitida "pelas diretrizes facultativas (ou "orientações") do Presidente para a evolução não-inflacionária de salários e preços". E o presidente Johnson ameaçou aumentar os impostos se as "pressões inflacionárias" não cedessem. World Almanac, 1967, pp. 60, 61.

16.
EXPANSÃO DE CRÉDITO E CICLO ECONÔMICO

E o que é expansão de crédito? Ela também é inflação. A razão para fazer distinção entre expansão de crédito e inflação simples são os diferentes efeitos que causam a injeção de dinheiro na economia por essas duas vias. Com a inflação simples, o dinheiro novo entra através de gastos do governo. O governo gasta as quantias adicionais criadas, por exemplo, com o objetivo de levar uma guerra adiante. O resultado desse gasto é que os preços das coisas que o governo compra sobem, e os consumidores começam a guardar dinheiro. No caso da expansão de crédito, as quantidades adicionais de dinheiro não entram na economia através de gastos do governo, mas de empréstimos com crédito recém-criado pelos bancos para os empresários. Então o preço das coisas que os empresários compram sobem. Isso gera um *boom* nos negócios. Se esse *boom* não é barrado a tempo, ele se transforma numa grande crise econômica. Esse é o ciclo econômico, o fenômeno mais interessante do sistema capitalista.

O ciclo econômico começa com os bancos expandindo o crédito, e então essa expansão gera um crescimento nos negócios. Mas como a quantidade de mercadorias dos produtores, os bens de capital, não aumenta, há uma super-expansão de alguns setores, mas não um super-investimento — como alguns corretores financeiros costumam chamar — por toda a economia. A característica significativa do *boom* é essa super-expansão gerada pela diminuição artificial das taxas de juros com o objetivo de expandir o crédito. Isso leva os empresários a ter a ilusão de que há uma quantidade de bens de capital disponíveis maior do que de fato existe, e que certos projetos que não eram viáveis quando as taxas de juros estavam mais altas, agora o são. Na verdade, a única coisa nova que está disponível é a quantidade de crédito criada exatamente com este propósito. Este sistema, este *boom*, continua a funcionar até que entra em colapso quando fica evidente que o chamado "super-investimento" é, na verdade, um mau investimento ou um excesso de expansão de crédito em algumas áreas da economia.

De qualquer forma, nós temos agora uma situação em que cada um dos principais países do mundo quer expandir o crédito, manter os juros baixos. As pessoas sempre foram hostis aos juros, chamados de "usura". Faz tempo que a idéia de que a taxa de juros pode ser manipulada *ad libitum* (à vontade) por governos e bancos se impôs. A razão para esse raciocínio é um entendimento errado de todo o sistema econômico moderno. O que causa grandes problemas é o desejo de todos os países — ou melhor, dos inflacionistas de todos os países —, de ter taxas de juros mais baixas. O que me preocupa no momento é o efeito dessa tendência na parte que é de responsabilidade de cada país nos preços do mercado, na poupança e nos investimentos.

Se os países usam uma moeda internacional, ou se têm moedas nacionais sem ligação alguma com o ouro, as pessoas serão favoráveis à injeção de dinheiro na economia. Poucas pessoas são a favor de diminuir a quantidade de dinheiro em circulação e da queda de preços. Se um governo quiser se tornar popular, tentará aumentar os preços para benefício dos consumidores, dos que produzem, e especialmente em benefício dos sindicatos.

Haverá, conseqüentemente, uma tendência ao aumento do dinheiro no mercado. Com esse aumento, os preços sobem. E se existe uma tendência de aumento nos preços, a mesma tendência necessariamente se mostra nas taxas de juros. Um colunista de um jornal importante escreveu recentemente que nós tínhamos domado o ciclo econômico. Talvez vocês tenham lido o artigo — eu o li apenas uma hora antes de sair para este encontro. Mas, falando sério, não há nada para domar a não ser os inflacionistas — aqueles que querem manter a taxa de juros baixa e expandir o crédito artificialmente, aqueles que acham que as condições materiais criadas pelas próprias pessoas, ao fazerem suas economias, não são satisfatórias.

As taxas de juros devem aumentar quando existe uma tendência generalizada ao aumento dos preços, porque se você comprar mercadorias e guardá-las em vez de emprestar o dinheiro, você tem um lucro extra por conta da subida de preço dos produtos que comprou. Portanto, as pessoas vão preferir não emprestar dinheiro para ninguém se não receberem uma compensação igual à que receberia pelos lucros que poderiam ter ao comprar alguma mercadoria ou estoque por si mesmos e guardá-los até que os preços subam. Assim, o estado de coisas em que os preços sobem é necessariamente um estado em que a taxa de juros também vai subir, porque sob condições como essas, os juros devem conter um elemento que chamei de "prêmio compensatório", que é uma contrapartida pelo lucro que o sujeito que empresta o dinheiro poderia ganhar se optasse por investi-lo comprando algum produto.

As pessoas vão dizer que, quando a taxa de juros está em ascensão, é necessária a injeção de dinheiro na economia para combater essa alta. Mas é necessário fazer exatamente o contrário. O único método para ter juros mais baixos é não ter inflação, é tirar do governo o peso de poder aumentar ou diminuir a quantidade de dinheiro disponível no mercado. O governo sempre será favorável a inflacionar a economia porque ele sempre quer gastar mais. Conseqüentemente, haverá um desentendimento geral sobre as políticas econômicas.

É característico do início de um processo inflacionário que aqueles que são favorecidos por ele sejam os primeiros a declarar que a situação está muito boa e que desejam que o governo a mantenha. O governo quer ter a possibilidade de dizer a seus eleitores, para o povo: "Vocês nunca viveram uma época tão maravilhosa como a que vivem hoje". Uma época assim tão maravilhosa pode ser facilmente criada, para durar muito pouco tempo, pela inflação. Só depois as pessoas descobrem quais são as conseqüências. E é apenas depois que elas entendem que isso resulta, ao mesmo tempo, na destruição das economias de todos os cidadãos que não são donos de alguma verdadeira propriedade ou empresa.

17.
DOUTRINA DA BALANÇA COMERCIAL, PARIDADE DE PODER DE COMPRA E COMÉRCIO INTERNACIONAL

Se um governo não sabe o que fazer, ele precisa "aliciar" as pessoas pagando-lhes alguma coisa; e o faz sem ter arrecadado, através de impostos, o dinheiro necessário. É isso que os governos estão fazendo. Isso é a inflação. Hoje em dia vocês ouvem em todo lugar os governos falando de inflação. Eles definem inflação como a alta nos preços, como algo que acontece — e não sabemos por quê. Ou, de acordo com outra versão, eles dizem que ela é fruto das ações de algumas pessoas, de pessoas más. O povo é responsável. Vamos usar o exemplo mais comum: o problema do câmbio. Temos hoje uma situação em que diversos governos, através de suas medidas inflacionárias, não agem em conjunto. Isso significa que um governo vai mais longe com suas medidas inflacionárias do que os outros. E conseqüentemente ocorrem mudanças contínuas na taxa de câmbio de diversos países.

O governo que recorre à inflação não quer admitir uma coisa: que a moeda que ele imprimiu vale, de qualquer jeito, menos do que a moeda que existia antes. Na verdade temos hoje inflação por todo o mundo. Temos inflação inclusive neste país e tremendos déficits no orçamento que são cobertos pela emissão de mais papel-moeda. E o governo insiste que isso não tem nada a ver com os problemas monetários.

O que temos que entender é que o princípio que rege o mercado — todos eles, sem exceção, sejam eles nacionais ou internacionais — é o da paridade do poder de compra. Este é um princípio fundamental do mercado. Isto significa que nele existe uma tendência à equalização do valor de troca dos vários produtos com a moeda — entre os produtos entre si, entre os produtos e a moeda, e entre os vários tipos de moedas em circulação no mundo. Essa é a interpretação correta do que está acontecendo na relação entre os diferentes produtos.

Se há um desvio desta paridade do poder de compra, abre-se um caminho para os empresários obterem lucro. E o propósito de todas as transações no mercado é fazer desaparecerem as ocasiões propícias ao lucro, comprando em uma moeda e vendendo em outra. É impossível manter por muito tempo as diferenças entre o poder de compra das várias moedas. Na medida em que o governo tenta impossibilitar essas relações, negócios são fechados, a compra e a venda cessam, mas não há uma equalização dos preços nas várias moedas do mundo. Portanto, é impossível um país ou governo impedir a desvalorização de sua moeda, se ele estiver imprimindo-a, sem preservar sua paridade contra a moeda original, com a qual o governo finge que a paridade ainda existe. Tudo isso significa que o padrão ouro sozinho, o completo e puro padrão ouro, não sofre a interferência do governo nos preços e no valor de tudo aquilo que se pode expressar em termos monetários.

Quando nossos problemas monetários são discutidos, nunca ouvimos representantes do governo, ou economistas oficiais de comitês que são formados para a discussão, mencionarem que o governo tem um gasto deficitário e que há um aumento na quantidade de dinheiro em circulação. E se há alguns problemas com que temos que lidar — o valor mais baixo, o poder de compra menor, da moeda impressa pelo governo com relação à moeda que ela um dia representou, a moeda no padrão ouro, então os governos, e em primeiro lugar o governo americano e seus assessores, recorrem a uma doutrina que caiu em descrédito há muito tempo: a doutrina da balança comercial. Eu não quero traçar a história dessa doutrina, ou demonstrar como ela caiu em desgraça. Prefiro analisar, do ponto de vista da doutrina da balança comercial, o remédio que o governo sugeriu para curar os males monetários.

Para o governo, o mal é a desvalorização da moeda impressa por ele com relação à moeda que ela um dia representou. E ele diz que isso se deve a maus cidadãos do país que gastam "nosso dinheiro" — digo "nosso dinheiro" entre aspas. Essas pessoas estão desperdiçando "nosso dinheiro" comprando produtos absolutamente ruins fora do país — champanhes e vinhos na França, por exemplo. E o remédio indicado é impedir, através de leis, que essas pessoas utilizem "nosso dinheiro" — novamente entre aspas — na compra de coisas inúteis como vinhos franceses. Eles dizem que a culpa pela alta nos preços em dólares e os preços em outras moedas é de vocês, o povo. De acordo com o governo, as pessoas são responsáveis, porque elas estão bebendo champanhe importado e porque estão viajando ao exterior. Por que eles falam de champanhe e viagens ao exterior? Porque, para o governo, isso é luxo. Portanto, o governo reage simplesmente dizendo: "Olha só essas pessoas más que estão bebendo champanhe. Elas são responsáveis pela inflação, pela alta nos preços; elas são responsáveis por todos os males sob o sol". A maneira com que o governo americano lida com o problema é somente uma das que um governo pode utilizar para justificar suas ações. Essa é a "desculpa do luxo".

Mas há uma segunda desculpa: a desculpa das "necessidades da vida", que os países usam quando as importações consistem predominantemente em produtos que são considerados necessários e indispensáveis pela opinião pública. Em países assim — por exemplo, em todos os países europeus predominantemente industriais, que exportam produtos industriais, manufaturados, e importam comida e matérias-primas. Eles dizem: "O que torna nosso desempenho desfavorável no câmbio internacional é o fato de sermos pobres por não poder produzir alimentos e matérias-primas em nosso próprio território e, conseqüentemente, termos que importá-los. Essas outras nações, as nações 'abastadas', estão nos explorando". Essa é a versão que, por exemplo, Mussolini usou para justificar sua agressão: "Por que nós temos que ir para a guerra contra outros países? Porque somos forçados a importar coisas que são absolutamente necessárias para manutenção da vida e da saúde da nossa população".

O que o governo não diz — quando culpa a balança comercial pelos efeitos da inflação na paridade do poder de compra — é que se as pessoas fossem impedidas de gastar dinheiro para importar champanhe, elas comprariam outra coisa. Elas não guardariam o dinheiro num pacote e o mandariam para o governo a fim de que ele tivesse mais dinheiro para pagar os déficits dos seus negócios, como os correios, por exemplo. Se em vez do champanhe importado, elas comprassem outras coisas no mercado nacional, os preços dessas coisas subiriam, porque a demanda por elas seria maior. Isso faria subirem os preços de algumas coisas que antes eram exportadas. E essas coisas ficariam mais caras, disponíveis em menor quantidade e não seriam mais exportadas. Se os governos fossem firmes, ou *pudessem* ser firmes com relação a isso, eles impossibilitariam todas as importações e impediriam qualquer negócio com outros países; eles necessariamente restringiriam as exportações ao mesmo nível que eles restringem importações e isso geraria restrição, o fim do comércio internacional. E todos os países ficariam economicamente isolados.

E por que essa situação desfavorável da balança comercial se desenvolve apenas entre duas ou mais nações e não dentro de uma nação isolada? Na Europa existem vários governos, ou várias nações, cujas populações são menores ou não muito maiores do que a população de muitos estados americanos. Por que não ouvimos sobre os diversos estados americanos as mesmas reclamações feitas sobre o comportamento de algumas pessoas que estão comprando champanhe e, conseqüentemente, enriquecendo a França e empobrecendo os Estados Unidos? Porque estes estados não têm uma política monetária independente; não pode haver no Iowa uma inflação que não tenha a mesma proporção, e que não esteja acontecendo ao mesmo tempo, nos outros 49 estados da união. E você nem precisa ir a esses estados. Quando as pessoas falam sobre o que é ruim na relação dos Estados Unidos com a França, dizem que os franceses produzem e vendem para os americanos somente produtos muito frívolos, muito ruins, produtos imorais — livros, romances, performances teatrais, produções operísticas e concertos em Paris, e champanhe, a pior de todas as coisas —, e poderíamos dizer a mesma coisa, por exemplo, de Brooklyn e Manhattan. Manhattan vende produções teatrais, conferências, concertos etc., em grande quantidade para as pessoas do Brooklyn, enquanto as pessoas do Brooklyn gastam dinheiro em Manhattan. Tipicamente, um homem do Brooklyn pode dizer: "Por que meu vizinho gasta seu dinheiro para assistir à performance de uma ópera em Manhattan? Por que ele não gasta dinheiro no Brooklyn?". E se você seguir passo a passo nessa direção, chegará à perfeita autarquia, à auto-suficiência, ao isolamento, ao isolamento econômico de cada família, e talvez até mesmo dentro das próprias famílias. Por que razão um garoto não deveria dizer, com convicção, em contraposição a seus irmãos, irmãs ou pais: "Eu quero ser autárquico!", pelas mesmas razões que um país qualquer do mundo quer ser autárquico e impedir a importação de coisas estrangeiras?

Agora vamos analisar qual será o efeito desse tipo de medida — impedir que os americanos importem vinho francês, champanhe, ou vice-versa. Isso certamente gerará um enfraquecimento do negócio dos produtores franceses de vinho. E eles precisarão diminuir os preços para continuar vendendo sua produção, toda sua produção, em outro lugar, seja na França ou em outros países. Eles terão que vender a preços menores do que aqueles que cobrariam se os americanos tivessem comprado esses produtos. Isso significa que haverá então na França pessoas que não conseguirão mais manter o padrão de vida que tinham. Elas terão que restringir seu consumo. Precisarão, por exemplo, diminuir a compra de produtos importados, como os carros americanos. E dessa forma, elas vão se adaptar à nova situação. Isso significa que, quando proíbe a importação de alguns produtos estrangeiros, você necessariamente faz cair não só a importação americana cair, mas também todas as exportações de produtos americanos, que seriam pagos com o dinheiro das importações de produtos de luxo franceses. E isso não diz respeito apenas à França. A ligação é um pouco mais complicada; outros países também estão nela; os franceses não diminuem apenas o consumo de produtos americanos, mas também restringem o que importam de outros países. E então, esses outros países estão na cadeia de causa e efeito que por fim necessariamente gera também a queda nas exportações americanas.

Se todos os países do mundo, apegados firmemente a essa teoria da balança comercial, tomassem as mesmas medidas a fim de tornar suas moedas nacionais independentes do mercado internacional, ou seja, sua paridade de poder de compra, esse sistema levaria, em última instância, ao fim de qualquer comércio internacional. Todas as importações seriam proibidas. E o resultado de acabar com as importações seria, obviamente, o fim das exportações. Todo país seria auto-suficiente, autárquico, de acordo com o termo grego. Na verdade, houve um período assim na história. Não muito tempo atrás, muitos países não tinham relação comercial alguma com outros, especialmente com países longínquos. E houve, há muito, muito tempo atrás, um período na história em que simplesmente não existia comércio com estrangeiros. E quando o comércio internacional se desenvolveu, foi tanto na exportação quanto na importação.

O comércio internacional não é unilateral. Ele é sempre necessariamente uma troca de produtos e serviços entre vários países. Isso não tem nada a ver com o cálculo do poder de compra da moeda. Não é a importação dos vinhos franceses que faz o preço dos produtos nacionais subir. O preço desses produtos sobe por conta do governo, que injeta dinheiro na economia e, portanto — expresso de uma maneira altamente questionável —: "Uma quantidade maior de notas de dólar americano busca ser trocada por uma quantidade inalterada de produtos disponíveis para consumo". Se todas as importações e exportações cessassem, os países voltariam a ser autárquicos; eles teriam que renunciar a todas as vantagens resultantes do comércio com outros países.

Bom, a única coisa que podemos aprender com toda essa história é a seguinte: o mercado, as pessoas comprando e vendendo no mercado à parte do governo, desenvolveram ao longo dos séculos um sistema monetário baseado em metais preciosos, como prata e ouro. Os governos interferiram inúmeras vezes. A interferência governamental excluiu a prata do sistema monetário que o mercado havia criado, mantendo apenas o ouro como moeda. Mesmo assim, os governos — os governos individualmente, os vários governos, e agora a cooperação de vários deles no Fundo Monetário Internacional (FMI) — ainda não conseguiram demolir esse sistema. É preciso perceber, não importando as opiniões sobre o assunto, que a moeda é uma criação do mercado — uma criação das pessoas enquanto compravam, vendiam e produziam. Ela não é algo que o governo possa manipular somente para poder gastar mais do que as pessoas podem pagar.

18.
LIQUIDEZ ENTRE BANCOS; RESERVAS BANCÁRIAS

Agora temos um problema que é geralmente tido como uma questão monetária comum. Vários comitês governamentais de professores e representantes de diversos bancos centrais estão estudando um problema muitas vezes conhecido como liquidez entre bancos ou problema das reservas bancárias. O que seria exatamente este problema? Eu acho que o jeito mais fácil de entendê-lo é falar sobre as condições do mercado internacional desde a segunda metade do século XIX até o início da Primeira Guerra Mundial. Naquele tempo, as nações que lideravam economicamente o mundo utilizavam o padrão ouro e estavam interessadas em preservar a paridade da sua moeda nacional com o ouro. Ao mesmo tempo, elas queriam manter a taxa de juros baixa nos mercados de seus respectivos países e expandir o crédito — expandi-lo para encorajar negócios e gerar um *boom*.

Os governos passaram a querer entrar no mercado e destruí-lo porque eles desejavam gastar dinheiro — mais do que seus cidadãos estavam preparados para pagar. Não falo dos Estados Unidos, mas de quase todos os outros países do mundo. Sempre foi um problema para o governo dizer aos seus cidadãos, especialmente se eles já pagavam impostos altos: "Nós queremos mais dinheiro". E para que propósito? "Para pagar as dívidas de nossos projetos. Não se esqueçam dos projetos do governo". Na segunda metade do século XIX viveu um grande homem, um dos mais importantes e influentes estadistas do mundo — o príncipe alemão Bismarck, que agia em prol da nacionalização. E Bismarck nacionalizou as ferrovias da Prússia. Por quê? Porque isso era considerado uma coisa simples. Para que servem as ferrovias que os homens constroem? Os trens funcionavam e o dinheiro estava entrando. O governo disse: "Que coisa maravilhosa são as ferrovias. Elas estão dando muito dinheiro. É tão fácil. Basta colocar os trens para funcionar e todo o mundo vai querer ir para algum lugar. Ou eles vão querer transportar produtos pelas ferrovias. Portanto, as ferrovias são uma coisa magnífica! Vamos nacionalizá-las e nós do governo ficaremos com os lucros". Então eles nacionalizaram as ferrovias. Bismarck não foi o *único* a fazer isso; ele só foi o homem mais importante a fazê-lo. Todos os outros países, ou a maioria deles, tentaram fazer a mesma coisa. Nacionalizaram o telégrafo, o telefone, entre outras coisas. Nesse momento apareceu algo muito interessante. Depois de as ferrovias, que estavam dando lucro, serem nacionalizadas, elas começaram a dar prejuízo. E a dívida tinha que ser paga. Os cidadãos disseram: "Vocês estão nacionalizando cada vez mais. Aumentando os impostos a cada dia. E qual é o resultado? Mais dívidas!".

Com relação a isso, vamos abrir um parêntese para dizer que os Estados Unidos não nacionalizaram as ferrovias. Mas o país desembolsa dinheiro para dar ajuda externa, subsídios para muitos países que nacionalizaram suas ferrovias. O governo americano recolhe impostos de suas ferrovias, que afinal ainda têm lucros, e não prejuízo, como muitas ferrovias estrangeiras.[12] Alguns podem dizer por aí que teria sido melhor nacionalizar também as ferrovias americanas e ter déficits, do que pagar as dívidas das empresas estrangeiras nacionalizadas. Nós temos

---

[12] Mises deu estas palestras nos anos 60.

neste país *um* monumento a este sistema deficitário — os correios americanos: quase um bilhão de dólares, ou talvez mais — não sabemos direito. Mas o fato de os correios darem prejuízo serve de alerta para que o governo americano não nacionalize outras empresas.

Na segunda metade do século XIX, se um país mantivesse a taxa de juros mais baixa do que deveria para aumentar o montante de dinheiro em circulação e gastar mais, havia uma tendência de que o capital de curto prazo fosse retirado do país e investido em outro em pouco tempo. Por exemplo, se a Alemanha, freqüentemente a malfeitora no período pré-Primeira Guerra, mantivesse a taxa de juros muito baixa, o capital de curto prazo seria removido do mercado alemão e iria para outros países, onde os juros não fossem tão baixos. Isso quer dizer que as pessoas estavam tentando retirar ouro da Alemanha para transferi-lo para a Inglaterra, França ou Estados Unidos. O Reichsbank, vendo suas reservas de ouro diminuírem, e temendo não conseguir cumprir suas obrigações por conta dessa diminuição, era forçado a aumentar novamente a taxa de juros, para impedir a fuga do ouro, ou seja, de suas "reservas de ouro".

Nem todos os países sofrem com a inflação, ou se sofrem, não têm tanta inflação quanto outros. A Suíça é considerada um país "ruim" porque não causa inflação suficiente. De modo que sempre há problemas de fluxo de dinheiro de países que têm mais inflação para outros que não são tão afetados por ela. Se os países e bancos centrais não agem da mesma forma, se alguns bancos ou governos vão mais longe com a inflação do que os outros, desenvolve-se a situação que acabei de descrever. Aqueles que expandem mais o crédito são forçados a voltar para a taxa de juros de mercado a fim de manter sua solvabilidade através da liquidez; eles querem impedir que os fundos sejam retirados do país; não querem ver suas reservas de ouro e moeda estrangeira diminuírem. E alguns chamam isso de "problema internacional".

Falava-se no século XIX sobre a "guerra dos bancos". Este não era um termo muito bom. Teria sido mais correto falar de tentativas inúteis dos bancos centrais, de tempos em tempos, de manter taxas de juros mais baixas do que as condições dos países permitiam. De todo modo, essa expressão "guerra dos bancos" foi mais popular durante a primeira década do presente século (o século XX), quando a Conferência de Paz em Haia estava em voga. Um dia o ministro das finanças da Itália chegou a sugerir que se fizesse uma "conferência de paz" dos bancos centrais para acabar com a "guerra dos bancos". De qualquer forma, não houve nem uma "guerra dos bancos", nem uma "conferência de paz" dos bancos.

No passado, todos os países tinham apenas moeda metálica, e não papel-moeda, e eles mediam o dinheiro de acordo com o peso — como vocês sabem, o peso do metal ainda permanece no nome de algumas moedas, como a "libra esterlina". O dinheiro tinha seu valor medido pela sua quantidade de metal, e os governos não podiam fazer crescer a quantidade de dinheiro em circulação. Mas o problema do dinheiro que é ligado puramente a uma moeda de metal não é um problema da nossa época. O problema que temos hoje, o que temos que encarar atualmente, é que os governos fingem que têm o direito de aumentar a quantidade de moeda em circulação se querem gastar mais. E os governos que fazem isso, e na proporção em que o fazem, ficam muito bravos se alguém diz que adotaram uma política inflacionária. Eles dizem que condições inflacionárias são aquelas que os empresários causam quando cobram preços mais altos. Mas a questão principal não é por que os empresários cobram preços maiores, e sim por que eles não aumentaram os preços ontem, antes de o governo injetar dinheiro na economia? Se eles tivessem aumentado os preços antes, as pessoas não teriam pagado o que pediam, porque não tinham dinheiro suficiente, e os empresários seriam forçados a baixar os preços se quisessem vender seus produtos. Todas essas coisas têm apenas uma causa. Todas elas só podem ser corrigidas de uma maneira: se não houver inflação, se não se injetar dinheiro, o meio de troca, na economia.

Existe um provérbio que diz: "Não se fala de corda em casa de enforcado". Do mesmo modo, não se fala sobre inflação quando se trata de problemas internacionais. Quando alguém fala do problema monetário internacional, diz que não existe "liquidez" suficiente, não existem "reservas" suficientes.

O sistema monetário internacional do século XIX, que acabou com a catástrofe da Primeira Guerra Mundial, foi praticamente reestabelecido, em termos gerais, depois do fim da Guerra, e novamente depois da Segunda Guerra. Os bancos centrais hoje em dia ainda querem manter a estabilidade das relações comerciais. Como conseqüência, suas tentativas de baixar a taxa de juros criam uma situação que os leva a temer uma "drenagem externa": a retirada dos fundos do país para transferi-los para o exterior. Em tempos como esses, os bancos, as chamadas autoridades monetárias, encontram uma alternativa: ou eles fazem uma desvalorização, o que não querem, ou sobem novamente a taxa de juros. Mas os bancos centrais não gostam de nenhuma das opções. Eles reclamam dizendo que a "liquidez" é insuficiente no mercado monetário internacional.

Para curar esse mal, para ter mais "liquidez", muitos especialistas sugeriram a criação de uma nova moeda de reserva. Se as pessoas na Bélgica quiserem, digamos, retirar o dinheiro do país e transferi-lo para Paris, precisam de uma moeda internacional — os francos franceses ou o câmbio de outros países, não de alguma moeda de reserva. Uma moeda de reserva, obviamente, poderia ser uma saída muito boa. Significaria imprimir mais papel-moeda e obrigar as pessoas a aceitá-lo. E o Fundo Monetário Internacional fez isso.[13] É irrelevante que aqueles que vão

---

[13] Em 1969 o FMI criou os "Direitos especiais de saque" (*Special Drawing*

às reuniões do FMI, que participam dos comitês, entram nas discussões e escrevem livros sobre o assunto, anunciem quase toda semana algum novo projeto ou inventem algum método novo na esperança de elevar a liquidez ou aumentar as reservas. É simbólico que muitos nomes novos tenham sido inventados para essa nova moeda de reserva. Lemos nos jornais essas histórias maravilhosas sobre o "ouro de papel". Ninguém sabe o que é ouro de papel. Cigarro de papel existe, mas ouro de papel é mais uma das promessas do governo.[14] É preciso abandonar todas as idéias de uma moeda artificial e essas idéias tolas sobre ouro de papel ou papel de ouro. De qualquer jeito, o nome não é importante de verdade. O fato é que é inútil um país tentar manter a taxa de juros mais baixa do que a situação internacional permite.

No século XIX, o *slogan* daqueles excelentes economistas britânicos, que eram titãs na crítica aos entusiastas do socialismo: "Só existe um método para melhorar as condições das futuras gerações do povo, que é acelerar a formação de capital em comparação ao aumento da população". Desde então, houve um aumento populacional enorme, para o qual se inventou o termo bobo "explosão populacional". De todo modo, não estamos passando por uma "explosão populacional", mas apenas uma "explosão" de desejos e uma "explosão" de tentativas inúteis de substituir por outra coisa qualquer — moeda fiduciária e moeda de crédito — a moeda.

Rights), *chamado às vezes de "ouro de papel", que serviria para complementar as reservas bancárias existentes.*

[14] Quando uma pessoa do público perguntou a Von Mises o que ele achava do "ouro de papel", ele respondeu: "Você deveria perguntar aos alquimistas".

19.
O MUNDO PRECISA DE UM BANCO MUNDIAL E DE MAIS DINHEIRO?

Como um meio de troca, a situação da moeda é diferente da de outras "mercadorias". Quando há um aumento na disponibilidade de outras mercadorias, as condições das pessoas sempre melhoram. Por exemplo, se há mais trigo disponível, algumas pessoas que antes não consumiam trigo, podem agora comprar um pouco, ou elas podem se abastecer com uma quantidade maior do produto do que previamente. Mas quando o assunto é dinheiro, a situação muda.

Para demonstrar isso, vocês precisam apenas considerar o que acontece se há um aumento na quantidade de dinheiro em circulação. Esse aumento é considerado ruim porque favorece aqueles que recebem o dinheiro novo primeiro às custas dos outros; nunca acontece de modo a deixar as relações entre os indivíduos iguais. Vamos pensar na seguinte situação. Imaginem o mundo exatamente como nosso mundo é, certo? Algumas pessoas têm dinheiro e também emprestam para outras pessoas; elas são credoras. E há também pessoas que são devedoras, que têm dívidas em dinheiro. Agora imaginem um segundo mundo que é exatamente igual ao primeiro, exceto por uma coisa: que onde quer que haja uma quantidade de dinheiro disponível, uma poupança em dinheiro, ou uma demanda por dinheiro no primeiro mundo, existe em dobro no segundo. Isso quer dizer que tudo é igual nos dois mundos, nada muda a não ser algo aritmético. Tudo no segundo mundo é multiplicado por dois. Vocês podem então dizer: "Não faz a menor diferença para mim se eu viver no primeiro mundo ou no segundo. As condições são as mesmas". De todo modo, se mudanças no fornecimento de dinheiro gerassem isso, poderíamos pensar que isso era apenas um problema aritmético, um problema para contadores; os contadores teriam que usar outros símbolos, mas a relação entre os indivíduos não mudaria. Seria absolutamente desinteressante, imaterial, para as pessoas, estivessem elas vivendo num mundo em que figuras maiores ou menores são usadas por contadores. Mas o jeito que as mudanças na moeda de fato ocorrem no nosso mundo não corresponde a isso. Na realidade, o modo como são geradas as mudanças na quantidade de dinheiro em circulação é diferente para as pessoas diversas por razões diferentes; as mudanças não acontecem de um jeito neutro; algumas pessoas ganham às custas de outros. Isso quer dizer, portanto, que se a quantidade dinheiro no mercado aumenta ou dobra, o efeito é diverso sobre pessoas diferentes. Isso significa também que um aumento no dinheiro em circulação não traz nenhuma melhora geral nas condições da sociedade. Isso é o que o economista francês Say explicou muito claramente no começo do século XIX.

Poderíamos lidar com esse problema do ponto de vista do mercado internacional ou do Banco Mundial. Imaginem que existem pessoas que pensam que a melhor solução para o problema monetário seria uma moeda de papel mundial, emitida por um banco ou uma instituição mundial, uma agência mundial, ou algo do tipo. E agora imaginem que temos uma coisa dessas. Muitas pessoas querem isso. Elas acham que é uma idéia maravilhosa. Haveria em algum lugar, provavelmente na China, uma agência para o mundo todo. E esse escritório sozinho injetaria dinheiro na economia. Sim! Mas quem receberia esse dinheiro adicional? Não há um método de distribuição que satisfaria todo mundo. Ou digamos que o banco internacional que imprime a moeda mundial para todos os países quer aumentar a quantidade de dinheiro em circulação porque, dizem eles, hoje estão nascendo mais pessoas. Tudo bem; dê o dinheiro para elas. Mas aí a questão é: quem fica com o dinheiro adicional? Todas as pessoas, todos os países, diriam a mesma coisa: "A quantia que recebemos é muito pequena para nós". Os países ricos vão dizer: "Como a renda *per capta* em nosso pais é maior do que a dos países pobres, nós temos que receber uma parcela maior". O país pobre dirá: "Não, pelo contrário: como eles já têm uma renda *per capta* maior do que a nossa, nós devemos receber a quantidade adicional de dinheiro". Portanto, todas essas discussões, por exemplo a da Conferência de Bretton Woods (1944), foram completamente inúteis, porque nelas não foi sequer abordada a situação que permitiria aos participantes saber do verdadeiro problema, que, até onde eu sei, nenhum dos delegados, e nenhum dos governos que haviam mandado esses delegados, sequer entendia. Haverá uma tendência à alta dos preços nesses países que estão recebendo essa quantia extra e aqueles que a receberem primeiro pagarão preços mais altos. Então outras pessoas vão querer mais. E os preços maiores vão retirar as mercadorias e serviços das outras nações que não receberam esse dinheiro recém-impresso ou pelo menos não o suficiente.

É muito fácil escrever um manual dizendo que a quantidade de dinheiro em circulação deveria aumentar todo ano entre 5% e 10%, e coisas parecidas. Ninguém fala em diminuir a quantidade de dinheiro no mercado; todos só querem aumentá-la. As pessoas dizem: "Como a produção econômica — ou a população — está aumentando, precisamos cada vez mais de dinheiro, de mais liquidez". Quero repetir o que disse, que é muito importante: não existe uma maneira de aumentar — ou de diminuir — a quantidade de dinheiro em circulação de um jeito neutro.

Esse é um dos grandes erros sobre o assunto que são muito populares. E isso vai gerar uma briga entre os países, ou grupos de países, por qualquer que seja a moeda desse sistema.

Mas normalmente *ninguém* precisa de mais e mais dinheiro. E se alguém aumenta o dinheiro em circulação, não pode aumentá-lo de um modo neutro, de tal maneira que não favoreça as condições de um grupo às custas de outros. Isso é, por exemplo, algo que não foi percebido nesse grande erro — não acho uma palavra gentil para descrever a situação — que foi criar o FMI. Até mesmo aquele sujeito terrivelmente ignorante que se chamava Lord Keynes não tinha a menor idéia disso. Nem outras pessoas. Isso não era totalmente culpa sua — por que permitiram que ele fizesse isso?

É impossível ter uma moeda que é feita inteiramente pelo governo, feita pelo governo mundial, se ela não tiver sua quantidade limitada de uma vez por todas. E limitar a quantidade dinheiro não é algo que aqueles que estão sugerindo essas coisas queiram que aconteça. Um estado de coisas como esse não pode se manter. Com relação a uma moeda — que, ao contrário do padrão ouro, não aumenta, exceto quando é aumentada pela situação da mineração de ouro —, aumentar sua quantidade em circulação não é apenas um problema quantitativo; é um problema saber, em primeiro lugar, para quem esse aumento deve ser dado. Portanto, todas essas idéias que se poderiam dar sobre uma moeda mundial completamente produzida e operada por alguma instituição global é baseada simplesmente num completo mal-entendido — da ignorância do problema da não-neutralidade da moeda, do fato de que o dinheiro injetado na economia não pode ser tratado de um modo que será conhecido por todos como "simples" distribuição.

20.
CONCLUSÃO

Precisamos entender que o dinheiro só pode entrar em operação, funcionar, se tivermos um sistema que impeça o governo de manipular o valor da moeda. Não é necessário perguntar se é melhor ter uma moeda com um poder de compra maior ou menor. O que precisamos é entender que não deve existir um sistema monetário em que o valor da moeda esteja nas mãos do governo, no qual o governo possa operar e manipular a moeda em circulação do jeito que quiser.

Se o governo destrói o sistema monetário, ele destrói o que é talvez a fundação mais importante da cooperação econômica entre os homens. Temos que evitar dar espaço para o governo aumentar a quantidade de dinheiro em circulação ao seu bel prazer. Vocês podem me perguntar por que eu não digo que devemos impedir o governo também de diminuí-la. Claro que eles não deveriam diminuir o dinheiro em circulação. Mas não existe perigo de o governo fazer isso. Ele não vai querer fazê-lo porque sairia caro; teria que aumentar impostos, arrecadar dinheiro da população, e depois não gastá-lo, mas destruí-lo. O que é de fato necessário é impedir o governo de destruir o sistema monetário através da inflação. Portanto, a quantidade de dinheiro não deveria ser manipulada pelo governo, de acordo com os desejos de pessoas que querem aproveitar alguns minutos, algumas horas, dias ou semanas de vida boa às custas dos gastos do governo, em troca de um estado de coisas longo e desastroso.

A questão fundamental da moeda é que ninguém deve ter o poder de aumentar a sua quantidade em circulação *ad libitum*. A luta dos governos contra a moeda tinha começado muito antes de Gutenberg inventar a imprensa. Mas naquela época o método era diferente; o governo cunhava moedas, depreciava a moeda, misturava às moedas de prata metais mais baratos como o cobre. Criar inflação é muito mais fácil hoje com a imprensa. Não faz nenhuma diferença para os custos de produção do governo se ele imprime uma nota de um dólar ou uma de mil. O papel e as quantidades de outros materiais são exatamente os mesmos.

Precisamos dizer, em poucas palavras, que, se um governo arrecadasse através de impostos tudo o que gasta; se as condições constitucionais determinassem que os contribuintes precisam dar ao governo o direito de cobrar impostos; se o governo fosse proibido de taxar, de cobrar qualquer imposto que não fosse legalmente baseado no consentimento do povo, aí poderíamos, assim, ter esperanças de que as coisas se desenvolveriam e de que as gerações, e de que as gerações futuras teriam uma vida, digamos, mais civilizada e confortável do que seus antepassados, e que as condições melhorariam consideravelmente. Poderíamos dizer então que as condições melhoraram, porque muitos dos males que não tinham solução para as gerações anteriores não existem mais. Aí, poderíamos realmente falar de progresso. Mas se temos inflação, e inflação crescente, estamos trabalhando continuamente contra os interesses vitais da maioria da população.

Nós ficamos muito orgulhosos de saber os progressos da tecnologia e especialmente da tecnologia médica ao longo dos últimos séculos que deram condições muito mais toleráveis para grande parte da população, de modo que hoje as pessoas não sofrem mais com deficiências e problemas que eram muito perigosas para a vida e a saúde das pessoas 20, 100, 200 anos atrás. De qualquer forma, a inflação está criando uma situação que desencorajará a acumulação e o investimento de dinheiro, que foram as ações que tornaram o progresso tecnológico possível. Ao mesmo tempo, através da inflação, as pessoas que estão ficando mais velhas estão sendo continuamente punidas pela queda do poder de compra do dinheiro que pouparam para a velhice e para questões familiares que aparecerem ao longo do tempo. Nós também temos que entender que a inflação é o resultado necessário das políticas financeiras adotadas atualmente pela maioria dos governos do mundo.

O que podemos dizer já foi dito milhares de vezes. Na teoria, seria possível ter papel-moeda injetado na economia pelo governo e não ter inflação. Pode até ser! Mas precisamos perceber que, quando dizemos que eles não são anjos, não podemos culpar os políticos e os membros do corpo parlamentar que determinaram essas coisas. Se eles fossem anjos, poderíamos confiar que eles jamais cometeriam erros. Mas para o homem comum permanece — e esse é o grande problema — o dilema a que me referi anteriormente: *o dilema entre um imposto muito impopular e um gasto muito popular às vésperas de uma campanha eleitoral!*".

Enquanto as pessoas estão falando sobre muitas coisas que dizem ser ruins e fazendo sugestões para melhorar muitas condições, elas não percebem que existe um fator que gera, não apenas um enfraquecimento das condições econômicas da maioria da população, mas também destrói a cena política, criando novas causas de perturbação. Este fator é a inflação. Mas é óbvio que os governos, que são responsáveis pela inflação, sempre querem culpar os outros, descobrir que as ações de outras pessoas, e não as suas próprias, geraram o problema.

Precisamos dizer que o que cria a inflação é o famoso "remédio" para os problemas do governo, o "remédio" que as pessoas acreditavam ter sido descoberto há uns poucos anos, mas que na verdade foi descoberto pelos imperados romanos — o gasto deficitário. Ele possibilitou que o governo gastasse mais dinheiro do que tinha, do que havia arrecadado do povo. Como todos sabem, esse gasto deficitário, que quer dizer gastar mais do que se ganha, é muito ruim para o indivíduo. O grande erro é que as pessoas acreditam que o que é ruim para o indivíduo não é necessariamente ruim para todos os indivíduos em conjunto. Este é o grande erro. E se ele não for eliminado em breve, todo o nosso progresso tecnológico e científico não nos protegerá da enorme catástrofe financeira que vai destruir praticamente tudo o que a civilização criou nas últimas centenas de anos.

O fato que temos que encarar atualmente é que com o padrão ouro estrito e padrão de troca de ouro, podemos ajustar as condições para que o metal ouro possa ser usado como meio de troca. E se vocês ou outras pessoas perguntassem, o que vocês teriam sugerido no caso de não haver mais ouro ou prata no mundo? O que vocês teriam sugerido? Há uma resposta muito simples. A resposta é que o ouro e a prata não são necessariamente os únicos materiais que podem exercer a função de um sistema monetário se as pessoas entenderem que a quantidade de dinheiro deve ser estritamente limitada por algum tipo de método. Não temos hoje outro tipo de método.

Na situação atual, até mesmo o mais poderoso, mais moral, eu diria, o mais intelectual dos governos do mundo — mesmo que eu atribuísse todas essas qualidades ao governo americano — não está preparado para resistir à inflação, de não recorrer à injeção de dinheiro na economia.

Este livro foi impresso pela Gráfica Guadalupe.
O miolo foi feito com papel *chambril avena*
80g, e a capa com cartão triplex 250g.